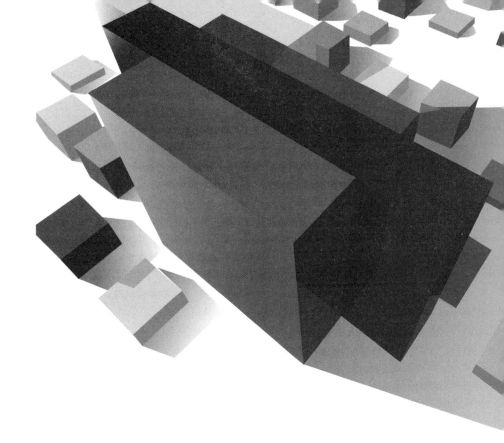

汽车构造核心课程
汽车底盘构造

主　编　福建省职业院校汽车专业教研团队

华中科技大学出版社
http://www.hustp.com
中国·武汉

内 容 简 介

本书是针对2020年福建省中等职业学校学业水平考试"汽车构造"课程考试大纲编写而成。2020年修订的"汽车构造"课程考试大纲制定了要考核的知识点,也指明了考试题型。

本书将大纲中每一条知识点从众多课程中遴选出来,细化为详尽的、具体的、紧扣大纲的内容,方便教师开展教学复习活动。在每个知识点的具体内容阐述前,给出了考试【提示】和【考核要点】及可能转变成的考核题型。

本书配套演示PPT、讲解视频和在线练习三个部分。可用配套的演示PPT对考试内容进行线下课堂讲解。——对应配套的50个讲解视频(扫码观看),供线下课堂讲解,或线上自学。对"汽车底盘构造"的20个知识点,根据考试大纲中的考试题型要求,编制出1400多道练习题。其中包括之前多年的福建省高职单招、高职入学考试试卷中的试题,还包括近年的学业水平考试试题。

图书在版编目(CIP)数据

汽车构造核心课程.汽车底盘构造/福建省职业院校汽车专业教研团队主编.—武汉:华中科技大学出版社,2021.12(2024.2重印)

ISBN 978-7-5680-7799-6

Ⅰ.①汽… Ⅱ.①福… Ⅲ.①汽车-构造-高等职业教育-教材 ②汽车-底盘-构造-高等职业教育-教材 Ⅳ.①U463

中国版本图书馆CIP数据核字(2021)第267241号

汽车构造核心课程——汽车底盘构造 福建省职业院校汽车专业教研团队 主编
Qiche Gouzao Hexin Kecheng——Qiche Dipan Gouzao

策划编辑:王红梅	
责任编辑:余 涛	
封面设计:原色设计	
责任监印:周治超	
出版发行:华中科技大学出版社(中国•武汉)	电话:(027)81321913
武汉市东湖新技术开发区华工科技园	邮编:430223
录 排:华中科技大学惠友文印中心	
印 刷:武汉市籍缘印刷厂	
开 本:787mm×1092mm 1/16	
印 张:11	
字 数:262千字	
版 次:2024年2月第1版第2次印刷	
定 价:35.80元	

本书若有印装质量问题,请向出版社营销中心调换
全国免费服务热线:400-6679-118 竭诚为您服务
版权所有 侵权必究

前　言

一、关于2019版大纲

福建省2018年6月进行中等职业学校学业水平考试试点，2019年6月正式进行中等职业学校学业水平考试，考前公布了"汽车构造"课程考试大纲，包括三部分内容：机械基础、汽车发动机构造和汽车底盘构造，其中机械基础部分有8个知识点，汽车发动机构造部分有18个知识点，汽车底盘构造部分有19个知识点。

根据教学标准，"汽车构造"专业核心课程的内容包括汽车发动机构造、汽车底盘构造、汽车电气设备构造、汽车电控系统等，学业水平考试"汽车构造"课程的考核内容应该围绕这些汽车构造方面的专业知识点及技能来进行。但在2019年的"汽车构造"课程考试大纲内容中，缺少汽车电气设备构造、汽车电控系统方面的内容，却多了一项非汽车构造类的、非专业核心的、内容与考试的名称不符的专业基础知识——机械基础。

机械基础的8个知识点中的凸轮机构的组成、特点、分类及应用，在汽车发动机构造部分的配气机构系统气门驱动中已部分涉及；带传动和链传动的类型、组成及应用特点，在汽车发动机构造部分的配气机构系统配气正时机构中已涵盖；齿轮传动的类型、组成、结构及应用特点，齿轮传动比的计算，在汽车底盘构造部分的变速器中已具体涵盖；蜗杆传动的特点及应用，在汽车底盘构造部分的转向系统中亦有表述；轮系的类型与应用、定轴轮系的传动比计算在汽车底盘构造部分的传动系统、悬挂系统中均有；而键连接的类型和应用特点在汽车发动机构造和汽车底盘构造部分无处不在。

既然不是专业核心课程，又与考核名称违背，其内容在汽车构造核心课程中已涵盖或涉及，因此大纲中的机械基础方面的内容应该删除。

二、关于2020年版大纲

在2020年修订的"汽车构造"课程考试大纲中，删除了"机械基础"方面的内容，增加了汽车电气设备构造方面的内容。2020年修订的大纲中，汽车发动机构造部分有19个知识点，汽车底盘构造部分有20个知识点，汽车电气设备构造部分有11个知识点，共50个知识点。

"汽车电气设备构造"是汽车专业的核心课程，是专业核心电学部分的内容，考核这部分内容，也是为了适应汽车专业机电一体化实际应用的需要。内容中除了考核汽车电气设备中电源系统和起动系统部分外，增加了"掌握万用表的使用"这一电学基础内容，以及"电控独立点火系的组成和工作原理""了解暖风、空调系统各部件的组成、结构和作用"这两部分核心内容。

汽车发动机构造和汽车底盘构造中增加了部分系统或总成的工作原理内容。汽车发动机构造还增加了"掌握电控歧管喷射汽油发动机燃油系统的功用、组成和工作原理""理解电控汽油发动机燃油系统主要零部件的作用""理解进排气系统的组成、主要零部件的功用"这三部分核心内容。汽车底盘构造还增加了"理解普通手动齿轮变速器的变速传动原理及传动比的计算"和"理解主减速器和差速器的组成、构造、功用及其工作原理"两部分核心内容。将原来的"动力转向操纵机构的作用和组成"和"制动系的功用、组成和分类"明确为"液压动力转向操纵机构的作用和组成"和"液压制动系的功用、组成和分类"。

相对于旧的考试内容，新大纲扣紧、突出了专业核心内容，更准确地反映汽车专业的核心知识点，更能考查出考生实际掌握专业知识的水平。

三、关于新大纲中的内容

课程考试大纲中制定的内容主要为了考查学生对专业知识的认知程度以及学生的专业能力，是专业核心的知识点，是多门专业课程的全部或部分核心内容，不是具体的哪一门课程名称，更不是哪个版本的教材。

虽然2020年修订的考试大纲中列出了考试所要考核的知识点，也指明了考试题型，但"汽车构造"课程从专业知识角度而言，具有组成、作用复杂，类型众多，工作原理、工作过程繁复等特点。

例如，汽车发动机构造中的第十一个知识点"掌握配气机构各主要零部件的功用及结构"，指明是主要零部件的功用及结构，而配合机构有凸轮轴下置式、凸轮轴中置式、凸轮轴顶置式之分，凸轮轴顶置还有单顶置凸轮轴和双顶置凸轮轴；就每缸气门数量，有每缸两气门和多气门的发动机；就气门顶部的形状，有球面顶、平顶、凹顶、喇叭顶；就气门尾端的形状，有锁片式结构和锁销式结构；就凸轮轴的驱动结构，有齿轮传动、齿形皮带传动、链条传动；就挺柱类型，有机械挺柱和液力挺柱。不同类型发动机配气机构的结构、组成不同，其主要零部件的功用及结构也不尽相同。而不论这些结构、类型中的哪一种作为考核内容，都没有超出考试要求的范围。

例如，汽车发动机构造中的第十九个知识点"理解进排气系统的组成、主要零部件的功用"，这里提到了进排气系统。实际应用中的汽车进排气系统类型比较多，仅进气系统可分为增压发动机和自然吸气发动机两种，其中增压发动机有涡轮增压、进气谐振增压等，涡轮增压又有废气增压、机械增压、双涡轮增压、多涡轮增压、气波增压等；进气系统中的进气管有垂直进气管和回旋进气管。如此众多类型的进气系统，其进气系统结构不尽相同，组成的零部件迥异。而这些内容都是可以考核的，没有超出考试范围。但这些内容在以往传统的汽车专业教材中极少出现过，这是挺尴尬的事。如果要一一阐述每一类型进气系统的组成和每一零部件的功用，估计需要长篇累牍。但这里不可能详尽阐述，因此需要精选、细选其中主要的、共有的零部件进行无遗漏的阐述。

再比如，汽车底盘构造中的第十四个知识点"理解轮胎的功用、类型、规格及标识"，在新、旧大纲中都有要求。其中提到的"轮胎标识"，轮胎上的标识很多，有各种颜色点状的标识，有文字、数字、英文标识，有图形标识，有形状标识。实际应用中既广泛又普遍。这一内容可不可以考？严格意义上讲，如果这些标识的内容转化为试题是可以的，没有超出大纲的要求。这个内容在2019年、2020年的试卷中都有考核。而这些内容在以往传统的汽车专业教材中从来没有出现过，这又是要面临的问题。

还例如，汽车电气设备构造中的第九个知识点"理解电控独立点火系的组成和工作原理"，汽车点火系的类型很多，但这一考点只要求掌握电控独立点火系的组成和工作原理。电控独立点火系是目前汽油发动机中普遍使用的装置，是汽车专业课程中的核心知识点。在学科体系的教材中，把这一部分内容归结在"发动机电控系统"部分，但在行业企业培训课程中，可以归类于汽车电气部分。如果采用原来的教材进行复习,有的有这一内容,而有的没有,这就需要进行整合。

还例如,汽车电气设备构造中的第十一个知识点"了解暖风、空调系统各部件的组成、结构和作用",在汽车专业岗位能力及行业企业对职业能力的要求中,同样归类于汽车电气部分,是汽车机电维修工的工作范畴,是现代汽车机电维修工机电一体化的能力要求。汽车暖风、空调系统类型繁多、结构复杂,在学科体系的教材中,把这一部分内容的简版归结在汽车电气设备构造部分,或将详述内容另外成书为《汽车空调设备》,相应课程名称为汽车专业专门化课程。因此,对于这一知识点,考什么?考多少?怎么考?是比较困惑的问题。

四、关于本书

基于上述面临的困惑、迷茫、尴尬的局面,光有大纲是不够的,不利于很好地把握考试的具体内容。因此,必须将大纲中每一条知识点从众多课程或教材中遴选出来,细化为详尽的、具体的、紧扣大纲的内容。

为了更好地契合考核内容的要求,在细致研读新版大纲的基础上,编写出三大部分,包括汽车发动机构造、汽车底盘构造、汽车电气设备构造。

在每个知识点的具体内容阐述前,给出了考试【提示】和【考核要点】及可能转变成的考核题型。

但在编写过程中,为了保持一个内容的相对完整,或为了保持同一知识不同要求之间的过渡,避免无厘头,适度地拓展了一些内容。同时,也是基于类型繁多、结构复杂的原因,恐有遗漏,请予谅解。

五、关于配套部分

1. 演示PPT

为了更好地把握考试范围,本书配套了演示PPT(扫码免费下载),可以就其中提示,对考试内容进行线下课堂讲解。

2. 讲解视频

另外就汽车发动机构造的19个知识点、汽车底盘构造的20个知识点、汽车电气设备构造的11个知识点,一一对应配套了50个讲解视频(扫码观看),供线下课堂讲解,或线上自学。

3. 在线练习题

对大纲50个知识点中的每个知识点,根据考试大纲中的考试题型要求,编制出练习题(扫码在线练习)。在编制过程中,尽可能将一个内容以多种题型呈现出来,即一个内容编制成判断题后,再编制成单项选择题,还(或)编制成综合题。汽车发动机构造的19个知识点编制出1800多题,汽车底盘构造的20个知识点编制出1400多题,汽车电气设备构造的11个知识点编制出500多题,近3900题。其中包括之前多年的福建省高职单招、高职入学考试试卷中与2020年修订的考试大纲中要求一致的试题,还包括近年的学业水平考试试题。

编　者

2021年10月

目　　录

1 汽车传动系统的基本组成、功能及布置方案 …………………………………………（1）
　　一、传动系统的基本组成 …………………………………………………………（1）
　　二、传动系统的功能 ………………………………………………………………（2）
　　三、传动系统的布置方案 …………………………………………………………（3）
2 离合器的基本组成、功用、性能要求和类型 ……………………………………………（11）
　　一、离合器的基本组成 ……………………………………………………………（11）
　　二、离合器功用 ……………………………………………………………………（14）
　　三、离合器的类型 …………………………………………………………………（15）
　　四、对离合器的性能要求 …………………………………………………………（20）
3 离合器的构造和工作原理 ………………………………………………………………（21）
　　一、膜片弹簧式离合器的构造和工作原理 ………………………………………（22）
　　二、多簧式双片离合器的构造和工作原理 ………………………………………（26）
　　三、中央弹簧式双片离合器的构造和工作原理 …………………………………（29）
　　四、机械式操纵机构的构造和工作原理 …………………………………………（30）
　　五、液压式操纵机构的构造和工作原理 …………………………………………（32）
　　六、带助力装置的操纵机构的构造和工作原理 …………………………………（34）
4 手动变速器的功用 ………………………………………………………………………（37）
5 普通手动齿轮变速器的变速传动原理及传动比的计算 ………………………………（38）
6 万向传动装置的功用、组成和类型 ………………………………………………………（41）
　　一、万向传动装置的功用 …………………………………………………………（41）
　　二、万向传动装置的组成 …………………………………………………………（42）
　　三、万向传动装置应用类型 ………………………………………………………（42）
7 万向节的类型、构造及工作原理 …………………………………………………………（45）
　　一、万向节的类型 …………………………………………………………………（46）
　　二、十字轴式刚性万向节的构造和工作原理 ……………………………………（46）
　　三、准等速万向节的构造和工作原理 ……………………………………………（50）
　　四、等速万向节的构造和工作原理 ………………………………………………（52）
　　五、挠性万向节的构造和工作原理 ………………………………………………（56）
8 驱动桥的功用、类型和组成 ………………………………………………………………（58）
　　一、驱动桥的功用 …………………………………………………………………（58）
　　二、驱动桥的类型和组成 …………………………………………………………（59）
9 主减速器和差速器的组成、构造、功用及其工作原理 …………………………………（64）
　　一、主减速器的组成、构造、功用及其工作原理 …………………………………（64）

二、差速器的组成、构造、功用及其工作原理 ……………………………… (68)
10　汽车行驶系统功用和组成 ……………………………………………………… (74)
11　车架和车桥的功用、组成和类型 ……………………………………………… (76)
　　一、车架的功用 …………………………………………………………………… (76)
　　二、车架的类型和组成 …………………………………………………………… (76)
　　三、车桥的功用 …………………………………………………………………… (78)
　　四、车桥的类型和组成 …………………………………………………………… (79)
12　转向桥与转向驱动桥的功用 …………………………………………………… (86)
　　一、转向桥的功用 ………………………………………………………………… (86)
　　二、转向驱动桥的功用 …………………………………………………………… (87)
13　车轮的组成与类型 ……………………………………………………………… (88)
　　一、车轮组成 ……………………………………………………………………… (88)
　　二、车轮类型 ……………………………………………………………………… (88)
　　三、辐板式车轮 …………………………………………………………………… (89)
　　四、辐条式车轮 …………………………………………………………………… (89)
　　五、轮辋的类型 …………………………………………………………………… (90)
14　轮胎的功用、类型、规格及标识 ……………………………………………… (92)
　　一、轮胎的作用 …………………………………………………………………… (92)
　　二、轮胎的类型 …………………………………………………………………… (93)
　　三、轮胎的规格 …………………………………………………………………… (98)
　　四、轮胎上的标识 ………………………………………………………………… (102)
15　悬架的功用、组成和类型 ……………………………………………………… (110)
　　一、悬架的功用 …………………………………………………………………… (110)
　　二、悬架的组成 …………………………………………………………………… (110)
　　三、独立悬架 ……………………………………………………………………… (111)
　　四、非独立悬架 …………………………………………………………………… (117)
16　转向系统的功用、类型和组成 ………………………………………………… (121)
　　一、转向系统的功用 ……………………………………………………………… (121)
　　二、转向系统的类型和组成 ……………………………………………………… (122)
　　三、机械转向系统 ………………………………………………………………… (123)
　　四、动力转向系统 ………………………………………………………………… (128)
17　液压动力转向操纵机构的作用和组成 ………………………………………… (135)
　　一、转向盘(方向盘) ……………………………………………………………… (135)
　　二、转向柱管和转向轴 …………………………………………………………… (137)
　　三、转向传动轴、上万向节和下万向节 ………………………………………… (139)
18　液压制动系统的功用、组成和分类 …………………………………………… (142)
　　一、汽车制动系统的功用 ………………………………………………………… (142)
　　二、汽车制动系统的组成 ………………………………………………………… (142)

三、汽车液压制动系统的分类	(143)
19 盘式制动器和鼓式制动器的类型、组成、作用及其工作原理	**(147)**
一、鼓式车轮制动器	(147)
二、盘式车轮制动器	(151)
20 机械式驻车制动器的作用和组成	**(155)**
一、驻车制动系统的作用及主要组成部分	(155)
二、驻车制动器的类型	(156)
三、驻车制动器操纵及控制类型	(156)
四、驻车制动器的类型及组成	(158)
参考文献	**(164)**

1 汽车传动系统的基本组成、功能及布置方案

 提示

传动系统的布置形式较多,其总成布置位置也不同,要能识别。

 考核要点

(1) 传动系统的基本组成。

(2) 传动系统的降速增矩、变速、倒车、切断传动、差速作用;离合器、变速器、驱动桥的功能。

(3) 发动机前置、后轮驱动的传动系统,发动机后置、后轮驱动的传动系统,发动机前置、前轮驱动的传动系统,发动机中置、后轮驱动的传动系统,以及全轮驱动(即 nWD 型)的布置形式。

上述内容可转变的考核题型有单项选择题、判断题、综合题中的综述题、填图题。

 知识点

一、传动系统的基本组成

汽车发动机与驱动轮之间的动力传递装置称为汽车的传动系统。传动系统主要由离合器、变速器、万向节、传动轴、主减速器、差速器和半轴等部分组成。如果采用自动变速器,则传动系统由自动变速器、万向节、传动轴、主减速器、差速器、半轴组成。

二、传动系统的功能

汽车传动系统应保证汽车具有在各种行驶条件下所必需的牵引力、车速;保证牵引力与车速之间协调变化等功能,使汽车具有良好的动力性和燃油经济性;保证汽车能倒车,以及左、右驱动轮能适应差速要求,并使动力传递能根据需要而平稳地结合或彻底、迅速地分离。

因此,传动系统的功能是将发动机经飞轮输出的扭矩按需要传给驱动车轮,并改变扭矩的大小,以适应行驶条件的需要,保证汽车在各种工况下均能正常行驶,并且有良好的经济性和动力性。

传动系统还应具有降速增矩、改变车速、倒向行驶、切断动力传动、差速等作用。

(1)降速增矩作用:通过传动系统的作用,使驱动轮的转速降低为发动机转速的若干分之一,相应驱动轮所得到的转矩增大到发动机转矩的若干倍。

(2)变速作用:保持发动机在有利的转速范围内工作,汽车牵引力又在足够大的范围内变化。

(3)倒车作用:在传动系统的变速器中加设倒挡,使汽车能在某些情况下倒车。

(4)切断传动作用:发动机只能在无负荷情况下起动,而且起动后转速必须保持在最低稳定转速以上,所以在汽车起步以前,必须将发动机与驱动轮之间的传动路线切断,即传动系统的中断传动作用。

(5)差速作用:汽车转弯时,左右车轮滚过的距离不同,传动系统的差速作用可以使左右两驱动轮以不同的角速度旋转。

1. 离合器功能

(1)离合器可使汽车发动机与传动系统逐渐结合,保证汽车平稳起步。

(2)离合器可暂时切断发动机与传动系统的联系,便于发动机的起动和变速器的换挡,以保证传动系统换挡时工作平顺。

(3)离合器还能限制所传递的转矩,防止传动系统过载。

2. 变速器功能

(1)实现变速变矩。

(2)实现汽车倒驶。

(3)必要时中断动力传输。

(4)实现动力输出。

3. 驱动桥功能

驱动桥是传动系统的最后一个总成,它由主减速器、差速器、半轴和桥壳组成。

(1)主减速器使输入转矩增大、转速降低,并将动力传递方向改变后(发动机横置的除外)再传给差速器。

(2)差速器的功用是将主减速器传来的动力传给左、右两半轴,并在必要时允许左、右半轴以不同转速旋转,以满足两侧驱动轮差速的需要。

(3)半轴用于将差速器传来的动力传给驱动轮。

(4) 驱动桥壳既是传动系统的组成部分,同时也是行驶系统的组成部分,其功用是安装并保护主减速器、差速器和半轴,以及安装悬架或轮毂。它还要与从动桥一起支承汽车悬架以上各部分质量,承受驱动轮传来的反力和力矩,并在驱动轮与悬架之间传力。

三、传动系统的布置方案

如图 1-1 所示,汽车传动系统的布置形式主要与发动机的类型、汽车的用途和汽车重心的位置有关。其中,汽车重心的位置决定了驱动桥的位置。

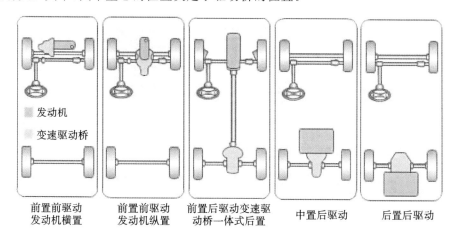

图 1-1　发动机变速器在车上不同位置的传动系统布置形式

汽车的驱动形式通常用汽车的全部车轮数乘以驱动车轮数表示,如 4×4,表示 4 个车轮全部为驱动轮,或用全部车桥数乘以驱动桥数表示,如 2×2,表示 2 个车桥全部为驱动桥;另外,对于越野车也可用 nWD 表示,如 4WD 乘用车,表示传动系统为 4 个驱动轮的全驱型乘用车。多桥驱动越野汽车的传动系统布置形式如图 1-2 所示。

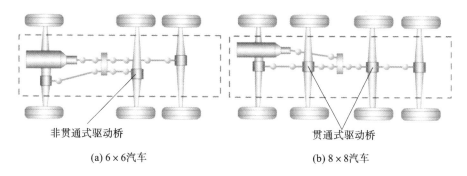

图 1-2　多桥驱动越野汽车的传动系统布置形式

传动系统一般有以下几种布置形式。

1. 发动机前置、后轮驱动的传动系统(FR 型)

图 1-3(a)、(b)为 4×2 型汽车发动机前置、后轮驱动的传动系统组成和布置示意图。在发动机前置后轮驱动的汽车,主要由离合器、变速器、万向节、传动轴、后主减速器、后差速

器、半轴等组成,只是布置的位置不同。传动轴把力矩纵向传给后主减速器,后差速器将力矩由纵向改变为横向,传递给分布在两边驱动车轮的轮轴、轮胎。根据阻力和力矩的不同,使分布在两边的轮轴、轮胎产生不同的转速,从而让汽车随着驾驶者的意图前进和转向。

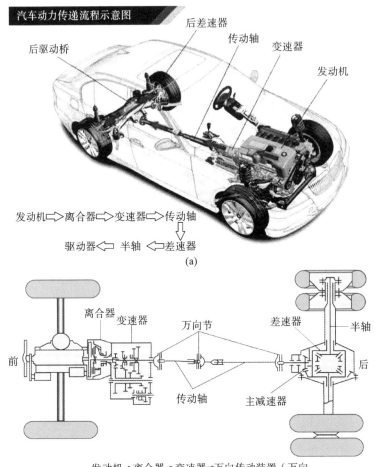

图 1-3　发动机前置、后轮驱动的传动系统示意图

如果采用自动变速器,则传动系统由自动变速器、万向节、传动轴、后主减速器、后差速器、半轴等组成。

发动机前置、后轮驱动(FR)的特点如下。

优点:附着力大,易获得足够的驱动力,并且发动机散热条件好;离合器、变速器操纵方便,操纵机构简单;整车的前后质量比较平衡,操控稳定性较好;维修方便;行李箱空间较大。

缺点:噪声大,驾驶空间小,影响踏板的布置和乘坐舒适性;传动轴长,传动部件多,传动系统质量大,整车质量增加,影响传动系统的效率;同时贯穿乘座舱的传动轴占据了舱内的地台空间。

2. 发动机后置、后轮驱动的传动系统(RR 型)

图 1-4(a)、(b)、(c)、(d)、(e)、(f)为发动机后置、后轮驱动的传动系统示意图。发动机后置、后轮驱动的传动系统将发动机、离合器和变速器制成一体布置在驱动桥之后。它的传动系统一般由离合器、手动变速器、角传动装置、万向传动装置、主减速器、差速器、驱动轮等组成。如果采用自动变速器,则传动系统仅由自动变速器、角传动装置、万向传动装置、主减速器、差速器、驱动轮等组成。

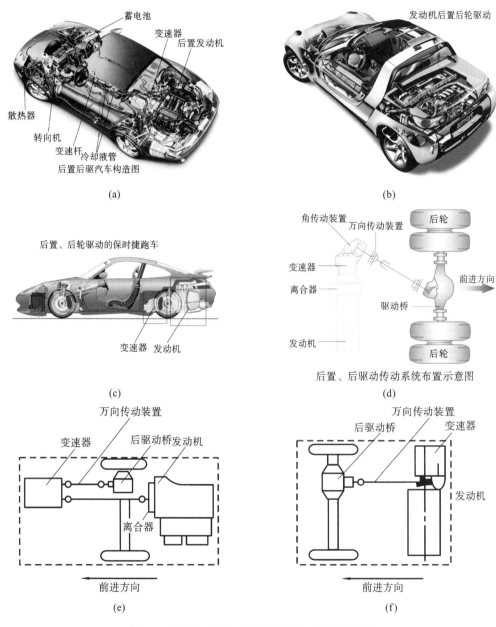

图 1-4 发动机后置、后轮驱动的传动系统示意图

发动机后置、后轮驱动的传动系统布置形式更容易做到汽车总质量在前后车桥之间的合理分配;可大大缩短传动轴的长度;传动系统结构紧凑,质心有所降低。有的车辆采用发动机横置形式,可使汽车后悬缩短,后轮附着力大,车内噪声低,车厢面积利用率高,驾驶员工作条件好。没有沉重的传动轴,也没有复杂的前轮转向兼驱动结构。但发动机冷却条件差,发动机和离合器、变速器的操纵机构都较复杂、维修调整不便。后轴载荷较大,在操控性方面会产生转向过度倾向。

3. 发动机前置、前桥驱动的传动系统(FF 型)

在前置、前轮驱动的汽车传动系统中,由于变速器与驱动桥距离很近,再加上前置、前轮驱动的驱动桥不仅有驱动的功能,而且有转向的功能,因此它的传动系统一般由离合器、手动变速驱动桥(手动变速器、主减速器、差速器、半轴、万向传动装置、驱动轮)等组成。如果采用自动变速器,则传动系统仅有自动变速驱动桥(自动变速器、主减速器、差速器、半轴、万向传动装置、驱动轮)。

汽车主体十分紧凑,前轮为驱动轮,在变速器和传动桥之间省去了万向节和传动轴,目前在乘用车上应用广泛。发动机根据放置方向不同,又可分为纵向布置和横向布置两种。

图 1-5 为发动机横向布置、前桥驱动的传动系统示意图。在发动机横向布置时,变速器轴线与驱动桥轴线平行,主减速器可以采用结构、加工都较简单的圆柱斜齿齿轮副。

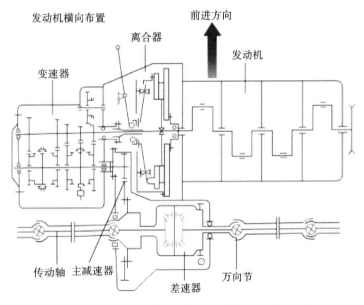

图 1-5　发动机横向布置、前桥驱动的传动系统示意图

如图 1-6 所示,在发动机纵向布置时,将发动机的曲轴轴线布置成平行于车身轴线,主减速器则大多采用主、从动齿轮轴线垂直的准双曲面或曲线齿锥齿轮副。

发动机前置、前轮驱动(FF)特点如下。

如图 1-7(a)、(b)所示,这种布置形式与发动机后置、后轮驱动的传动系统相比,除具有结构布置紧凑、可降低车身底盘高度、转向稳定等特点外,还具有发动机散热条件好、操纵机构布置简单等优点。其不足之处是上坡时汽车重心后移使前面驱动轮附着力减少,易产生

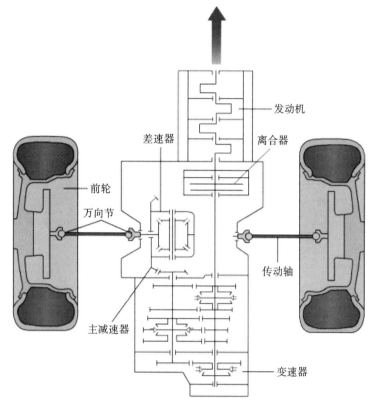

图 1-6 发动机纵向布置、前桥驱动的传动系统示意图

驱动轮打滑,下坡制动时,则由于车辆重心前移,前桥负载加重,制动不当易引起车辆颠覆(故货车不用),高速行驶时易发生翻车事故。前轮既是驱动轮,又是转向轮,需要使用等速万向节,结构较为复杂,工作条件恶劣;且前轮的轮胎寿命较短。

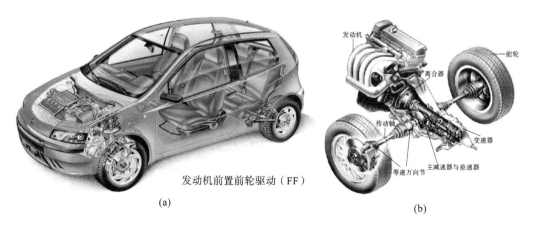

(a) 发动机前置前轮驱动(FF)

(b)

图 1-7 发动机前置、前轮驱动

4. 发动机中置、后轮驱动的传动系统(MR 型)

在发动机中置、后轮驱动的传动系统中,其优缺点介于 FR 型和 RR 型之间,发动机占去了座舱的空间，降低了空间利用率和实用性，但有利于实现前、后轴较为理想的轴荷分配，具有很中性的操控特性，是目前大多数运动型轿车和方程式赛车所采用的布置形式，在大中型客车上也有所应用。如图 1-8(a)、(b)、(c)所示，它的传动系统一般由离合器、手动变速驱动桥(手动变速器、主减速器、差速器、半轴、驱动轮)等组成。如果采用自动变速器，则传动系统仅由自动变速驱动桥(自动变速器、主减速器、差速器)、半轴、驱动轮等组成。

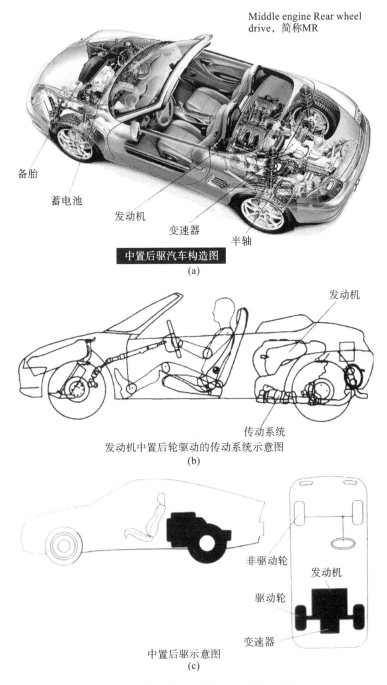

图 1-8　发动机中置、后轮驱动的传动系统

发动机中置、后轮驱动(MR)特点如下。

优点：有利于实现前、后轴较为理想的轴荷分配，具有很中性的操作特性。

缺点：发动机占去了座舱的空间，降低了空间利用率和实用性，因此MR大都应用在追求操控表现的跑车，是目前大多数运动型轿车和方程式赛车所采用的布置形式。

5. 全轮驱动(即 nWD 型)

在全轮驱动的传动系统中，n代表驱动系数，图1-9为4WD型越野汽车的传动系统示意图。对于要求能在坏路或无路区域行驶的越野汽车，为了充分利用所有车轮与地面之间的附着条件，以获得尽可能大的牵引力，总是将全部车轮都作为驱动轮。这种传动系统与单桥驱动相比，前桥也是驱动桥，其半轴由两段组成，中间用等角速万向节来连接。

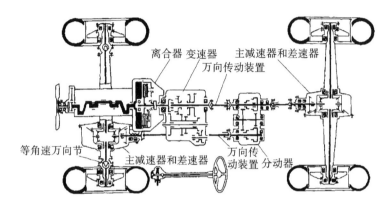

图1-9 4WD型越野汽车的传动系统示意图

如图1-10、图1-11所示，全轮驱动的传动系统一般由离合器、手动变速器、后传动装置、后万向传动装置、后桥主减速器、后桥差速器、后驱动轮轴、分动器、前传动装置、前万向传动装置、前桥主减速器、前桥差速器、前驱动轮等组成。如果采用自动变速器，则传动系统由自动变速器、后万向传动装置、后桥主减速器、后桥差速器、后驱动轮轴、分动器、前万向传动装置、前桥主减速器、前桥差速器、前驱动轮等组成。

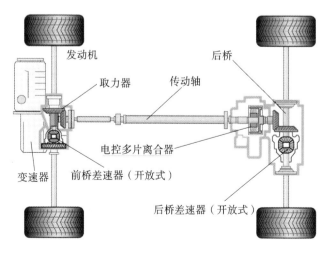

图1-10 发动机横置四驱车型传动系统示意图

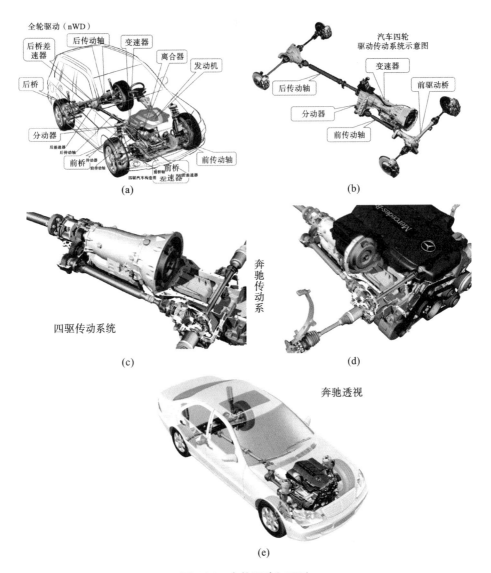

图 1-11 全轮驱动(nWD)

汽车有多个驱动桥,在变速器后加了一个分动器,其作用是把变速器输出的动力经几套万向传动装置分别传给所有的驱动桥,并可以进一步降速增扭。

充分利用所有车轮与地面之间的附着条件,以获得尽可能大的驱动力,提高其通过性和动力性。

2 离合器的基本组成、功用、性能要求和类型

提示

离合器的零部件比较多,其归属哪些部分或装置或机构?必须区分清楚。能通过图片分辨离合器的类型,并能识别零部件。

考核要点

(1) 离合器的基本组成;主动部分、从动部分、压紧装置、分离机构和操纵机构的作用;主动部分、从动部分、压紧装置、分离机构和操纵机构的组成。
(2) 离合器功用。
(3) 离合器的类型。
(4) 对离合器的性能要求。
上述内容可转变的考核题型有单项选择题、判断题、综合题中的综述题、填图题。

知识点

一、离合器的基本组成

摩擦式离合器由主动部分、从动部分、压紧装置、分离机构和操纵机构等组成,如图 2-1 所示。主、从动部分是保证离合器处于接合状态并能传递动力的基本结构。操纵机构是使离合器主、从动部分分离的装置。

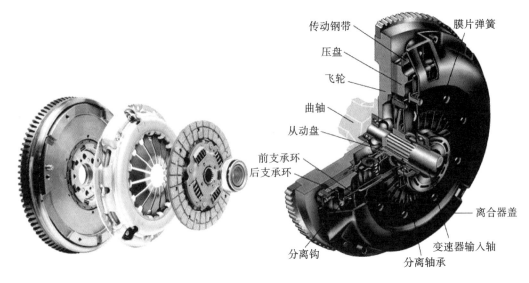

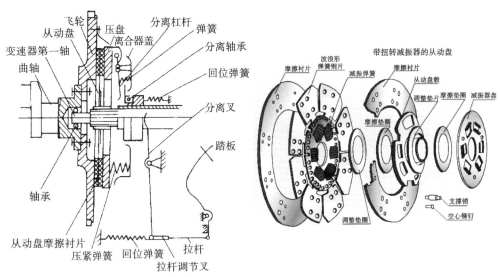

图 2-1 汽车离合器的基本组成和构造

如图 2-2 所示,离合器主动部分由飞轮、压盘和离合器盖等组成,离合器盖用螺钉固定于飞轮的后端面上,压盘通过传动片与离合器盖相连,可做轴向移动,飞轮与曲轴固定在一起,只要曲轴旋转,发动机动力便可通过飞轮、离合器盖带动压盘一起转动。

如图 2-3 所示,离合器从动部分由从动盘(摩擦片、离合器片)和变速器第一轴等组成,带有摩擦衬片的从动盘安装于压盘与飞轮之间,通过花键套装在变速器第一轴上,变速器第一轴通过轴承支承于曲轴后端中心孔内。

如图 2-4 所示,压紧装置由若干压紧弹簧组成,安装于压盘与离合器盖之间,沿周向均匀分布,把压盘、飞轮、从动盘相互压紧。

分离机构、操纵机构由分离杠杆(见图 2-5)、弹簧、踏板、拉杆、调节叉、回位弹簧、分离叉、分离轴承(见图 2-5、图 2-6)等组成,分离杠杆中部铰接于离合器盖的支架上,内端则铰接

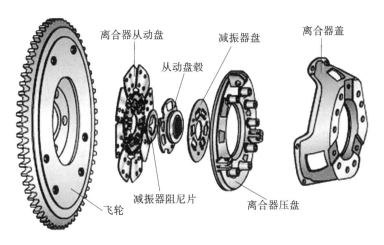

图 2-2 离合器主动部分的组成

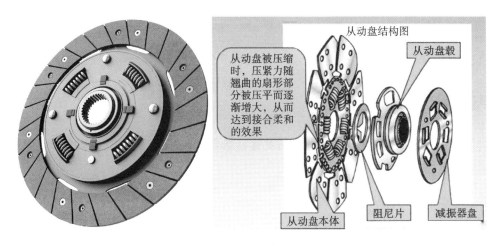

图 2-3 离合器从动部分结构

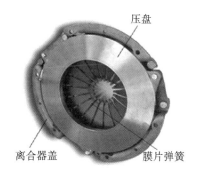

图 2-4 离合器压紧装置组成

图 2-5 分离杠杆和分离轴承

于压盘上,通过弹簧的作用消除因分离杠杆支承处存在间隙而前后晃动产生的噪声,分离轴承压装在分离套筒上,分离套筒安装在变速器第一轴承盖上,分离叉是中部带支点的杠杆,拉动分离叉下端便可通过分离轴承、分离杠杆向后拉动压盘,从而解除压盘对从动盘的压力。

图 2-6 分离轴承

二、离合器功用

（1）离合器可使汽车发动机与传动系统逐渐结合，保证汽车平稳起步，如图 2-7 所示。

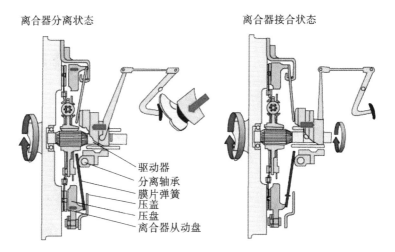

图 2-7 离合器的分离接合状态

（2）离合器可暂时切断发动机与传动系统的联系，便于发动机的起动和变速器的换挡，以保证传动系统换挡时工作平顺。

（3）离合器还能限制所传递的转矩，防止传动系统过载。

三、离合器的类型

离合器传递动力的方式有摩擦作用——摩擦离合器、液体传动——液力耦合器、磁力传动——电磁离合器三种。目前应用最广泛的是摩擦离合器。现在常用的摩擦离合器按摩擦面的数目(从动盘的数目)、压紧弹簧的形式以及操纵机构的不同,可分为以下不同的类型。

(1) 按从动盘的数目分为单片式和双片式。单片式离合器(见图 2-8)只有一个从动盘。双片式离合器(见图 2-9)有两个从动盘,摩擦面数目多,可传递的转矩较大。

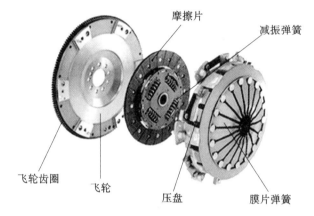

图 2-8 单片式离合器

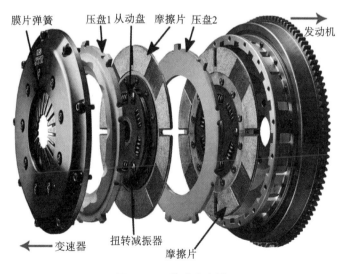

图 2-9 双片式离合器

(2) 按压紧弹簧的形式分为多簧式(见图 2-10)、中央弹簧式(见图 2-11)和膜片弹簧式(见图 2-12)。多簧式离合器压紧弹簧是常见的螺旋弹簧。膜片弹簧式离合器压紧弹簧是膜片弹簧。螺旋弹簧具有线性特征,膜片弹簧具有非线性特征。

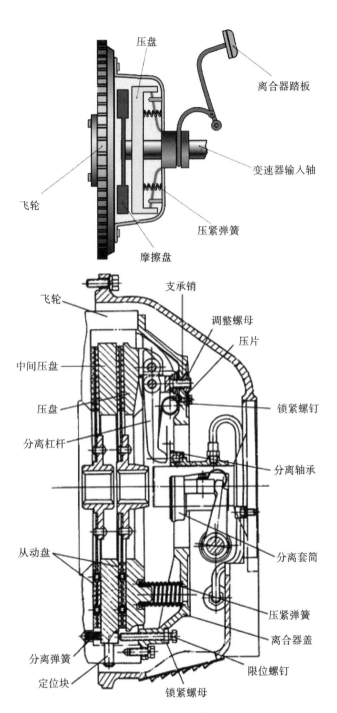

图 2-10　多簧式

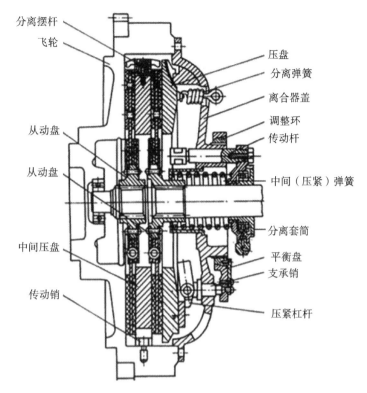

图 2-11 中央弹簧式

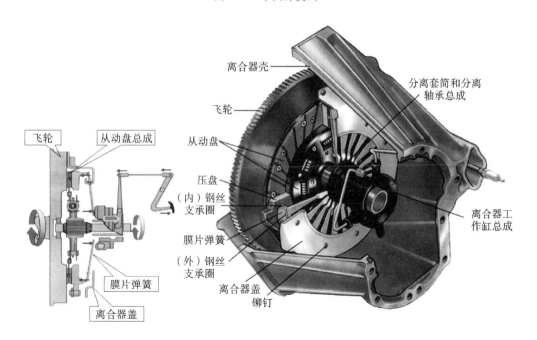

图 2-12 膜片弹簧式

（3）按操纵方式分为机械操纵方式(见图 2-13)、液压操纵方式(见图 2-14)和气压操纵方式(见图 2-15)。

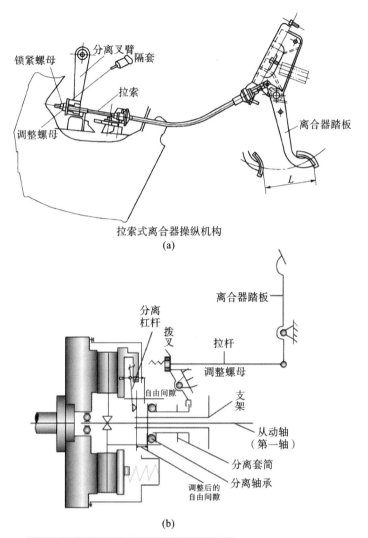

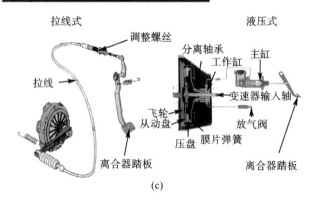

图 2-13　机械操纵方式

2 离合器的基本组成、功用、性能要求和类型 19

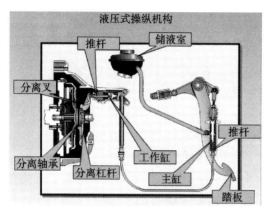
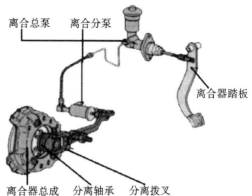

图 2-14 液压操纵方式

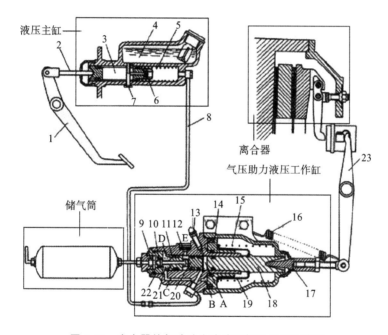

图 2-15 离合器的气动助力式液压操纵机构示意图

1—离合器踏板;2—主缸推杆;3—主缸活塞;4—储液室;5—主缸活塞复位弹簧;6—进油阀;7—限位螺钉;
8—油管;9—气阀门弹簧;10—气阀门;11—气压控制活塞;12—排气滤清器;13—放气螺钉;14—气压助力活塞;
15—气压助力活塞复位弹簧;16—分离叉复位弹簧;17—液压工作缸推杆;18—液压工作缸活塞;19—弹簧座;
20—液压控制活塞;21—气压控制活塞复位弹簧;22—进气阀门;23—离合器分离叉;
A—液压工作缸压力腔;B—助力气室压力腔;C—气道;D—控制阀反作用腔;E—排气口

四、对离合器的性能要求

为了保证离合器具有上述功用,对离合器性能有以下要求:
(1) 能可靠地传递发动机的最大扭矩,而不打滑;
(2) 保证发动机与传动系统接合平顺、柔和;
(3) 保证发动机与传动系统分离迅速、彻底;
(4) 从动部分的转动惯量要尽可能小,以减小换挡时齿轮的冲击;
(5) 具有良好的热稳定性,保证离合器工作可靠;
(6) 操纵轻便、结构简单、维修方便。

3

离合器的构造和工作原理

 提示

考点是离合器的构造和工作原理,就离合器的构造而言,没有明确是单片式还是双片式离合器,是多簧式还是中央弹簧式或膜片弹簧式离合器,因此,必须同时掌握这几种常用离合器的构造;就离合器的工作原理而言,由于离合器构造中包括操纵机构,因此必须掌握各种常用离合器操纵机构的工作原理。考核以上所述的各部分内容是没有超纲的。

 考核要点

(1) 膜片弹簧式离合器的构造。
(2) 膜片弹簧式离合器的工作过程。
(3) 多簧式双片离合器的构造。
(4) 多簧式双片离合器的结构和工作原理。
(5) 中央弹簧式双片离合器的构造和工作原理。
(6) 杆式传动离合器操纵机构构造和工作原理。
(7) 绳索式传动离合器操纵机构构造和工作原理。
(8) 液压式操纵机构的构造和工作原理。
(9) 弹簧助力式操纵机构构造和工作原理。
(10) 气压助力机械式和气压助力液压式操纵机构构造和工作原理。
上述内容可转变的考核题型有单项选择题、判断题、综合题中的综述题、填图题。

 知识点

摩擦式离合器由主动部分、从动部分、压紧装置、分离机构和操纵机构等组成。主、从动部分是保证离合器处于接合状态并能传递动力的基本结构。操纵机构是使离合器主、从动部分分离的装置。

下面就单片式和双片式离合器，多簧式、中央弹簧式和膜片弹簧式离合器，机械式、液压式和带助力装置离合器操纵方式，阐述离合器的构造和工作原理。

一、膜片弹簧式离合器的构造和工作原理

1. 膜片弹簧式离合器的构造

如图 3-1 所示，膜片弹簧式离合器主要由主动部分（飞轮、压盘、离合器盖）、从动部分（从动盘、从动轴）、压紧机构（膜片弹簧）、操纵机构（分离轴承与套筒、分离叉等）等组成。

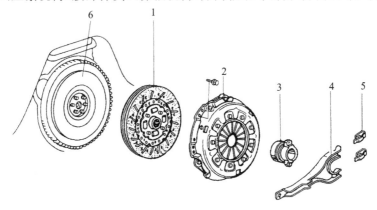

图 3-1 膜片弹簧式离合器的构造

1—从动盘；2—离合器盖总成；3—分离套筒、分离轴承；4—分离叉；5—钢卡；6—飞轮

（1）主动部分。主动部分与发动机飞轮连接，无论离合器处于接合状态还是分离状态，主动部分均随发动机一起旋转。

离合器盖用螺栓固定在发动机飞轮上，压盘与离合器盖间通过周向分布的传动片（弹簧钢片，一般为四组）连接，如图 3-2 所示。传动片一端用铆钉与离合器盖铆接，另一端用螺栓与压盘连接。

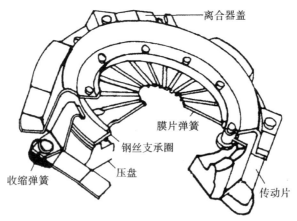

图 3-2 膜片弹簧式离合器压盘总成

（2）从动部分。离合器从动盘位于飞轮与压盘之间，从动盘毂内孔的花键与从动轴（变

速器输入轴)上的花键连接,并可沿轴做轴向移动。当离合器踏板未被踩下时,压盘将从动盘压紧在飞轮上,由于摩擦作用,从动盘随飞轮一起转动,将发动机动力输入至变速器。当踩下离合器踏板时,上述摩擦作用消失,切断了发动机的动力传递。

轿车从动盘都装有扭转减振器,其作用如下。

①发动机传给传动系统的转矩是周期化的,使传动系统发生共振,若其振动的频率与传动系统自振频率重合,将会发生共振,缩短传动系统零件的使用寿命。

②缓和冲击:当猛接合离合器起步或紧急制动(不分离离合器)时,传动系统零件会受到很大的冲击载荷,扭转减振器可缓和并降低这种载荷。

扭转减振器的结构如图3-3所示。从动盘毂6夹在从动盘钢片3与减振器盘9之间,其中间夹有摩擦片4,减振弹簧8装在从动盘毂6、从动盘钢片3与减振器盘9的窗孔中。钢片与减振器盘用铆钉5铆在一起,但从动盘毂与铆钉间有间隙,从动盘毂相对于钢片与减振器盘可以转动一定角度。

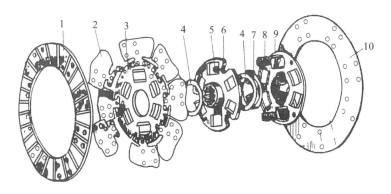

图3-3 扭转减振器的结构

1、4、10—摩擦片;2—波浪形弹簧钢片;3—从动盘钢片;5—特种铆钉;6—从动盘毂;7—调整垫片;8—减振弹簧;9—减振器盘

当不受转矩作用时,从动盘毂、从动盘、从动盘钢片在减振弹簧8的作用下,三者的窗孔应对正,如图3-4(a)所示。当传递转矩时,由摩擦片1、10传来的转矩,首先传到从动盘钢片3与减振器盘9上,再经减振弹簧8传给从动盘毂6,弹簧被压缩,如图3-4(b)所示,缓和了传动系统的冲击载荷。同时,利用摩擦片4与弹簧钢片、从动盘、从动盘毂之间的摩擦作用,使振动迅速衰减。

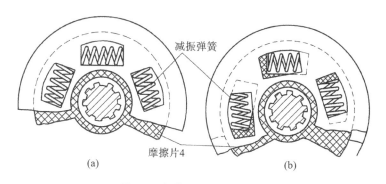

图3-4 扭转减振器工作示意图

（3）压紧机构。膜片弹簧的形状类似一个碟子，如图 3-5 所示，它由薄弹簧钢板冲压而成，不受力时自由形状为一锥形，它的中心部分有许多径向切口，形成弹性杠杆。膜片弹簧两侧有钢丝支承圈，用铆钉将其安装在离合器盖上，如图 3-6 所示。

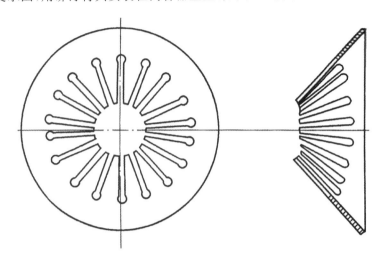

图 3-5 膜片弹簧

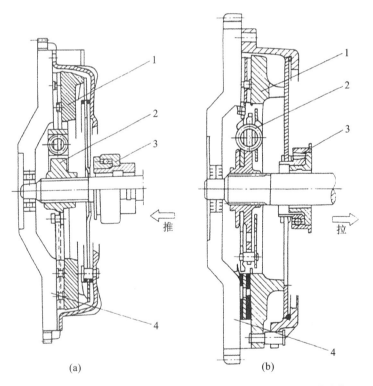

图 3-6 推式膜片弹簧式离合器和拉式膜片弹簧式离合器的结构

(a) 推式膜片弹簧式离合器；(b) 拉式膜片弹簧式离合器

1—离合器盖及压盘总成；2—离合器从动盘总成；3—离合器分离轴承；4—飞轮

当离合器盖未固定到飞轮上时,离合器盖与飞轮间有一距离,膜片弹簧不受力,处于自由状态,如图 3-6(a)所示。当离合器盖用螺栓固定于飞轮上时,从动盘与压盘迫使膜片弹簧以右侧支承圈为支点发生弹性变形,使膜片弹簧外端对压盘与传动片产生压紧力,离合器接合,如图 3-6(b)所示。

(4) 操纵机构。分离叉中部多支承在离合器盖上,分离轴承与分离套筒套装在变速器输入轴轴承盖的套管上,并可沿其轴向移动,分离轴承又可随膜片弹簧一起转动。

膜片弹簧式离合器的结构形式:膜片弹簧式离合器根据分离时内端受力方向的不同,可分为推式膜片弹簧式离合器和拉式膜片弹簧式离合器,如图 3-6 所示。当分离离合器时,分离指内端受力方向指向压盘时,称为推式膜片弹簧离合器,而分离指内端受力方向离开压盘时,则称为拉式膜片弹簧离合器。

两种膜片弹簧式离合器的结构特点:装配时,推式膜片弹簧式离合器的膜片锥顶朝后(离开压盘方向),大端靠在压盘上,对压盘施加压力(见图 3-6(a));拉式膜片弹簧的安装与推式膜片弹簧的相反,膜片弹簧的锥顶朝前(指向压盘方向),其大端靠在离合器盖上,膜片弹簧的中部对压盘施加压力(见图 3-6(b))。

分析这两种膜片弹簧式离合器可知:在同样压盘尺寸下,拉式膜片弹簧式离合器可采用直径较大的膜片弹簧,从而可提高压紧力和转矩;或者在传递相同转矩的情况下,尺寸较小的拉式膜片弹簧式离合器可以代替尺寸较大的推式膜片弹簧式离合器。因此,拉式膜片弹簧式离合器的结构更紧凑、简单,质量更轻,从动盘转动惯量也小,可以减小换挡时齿轮轮齿间的冲击,更便于换挡。

2. 膜片弹簧式离合器的工作过程

当不踩离合器踏板时,由于膜片弹簧的弹性变形,其外端产生压紧力将压盘与从动盘压在飞轮上,离合器处于接合状态(见图 3-7(b)),飞轮随曲轴旋转,发动机的转矩靠从动盘与飞轮及压盘之间的摩擦作用经从动盘毂上的花键向变速器输出。当传递的转矩大于离合器的最大摩擦力矩时,离合器主、从动部分即出现打滑,以防止传动系统过载。

当踩下离合器踏板时,分离轴承 8 左移,推动膜片弹簧内侧左移,迫使膜片弹簧以右侧支承圈为支点进一步变形,于是其外端右移,通过分离钩 6 向后拉动压盘,解除了飞轮和压盘对摩擦片的压紧力,从动盘不再随主动部分一起旋转,切断了发动机的动力传递,离合器处于分离状态,如图 3-7(c)所示。

3. 膜片弹簧式离合器的主要优点

(1) 膜片弹簧兼起压紧弹簧与分离杠杆的作用,使离合器结构简化,质量小,轴向尺寸小,且由于膜片弹簧与压盘以整个圆周接触,压力分布均匀,摩擦片磨损均匀。

(2) 膜片弹簧具有理想的非线性特性,使摩擦片磨损后弹簧压紧力几乎保持不变,减轻了分离时离合器所需的作用力,操纵轻便。

(3) 膜片弹簧的中心线与离合器轴线重合,因此膜片弹簧的压紧力不受离心力的影响,这种离合器适合于与高速发动机配用。

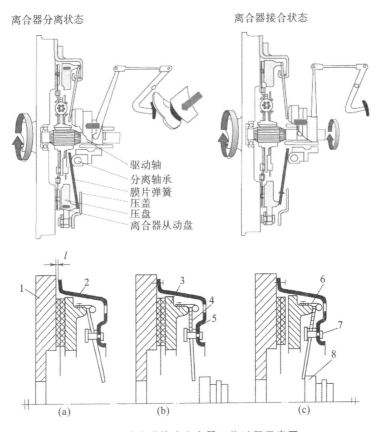

图 3-7　膜片弹簧式离合器工作过程示意图

(a) 自由状态；(b) 接合状态；(c) 分离状态

1—飞轮；2—离合器盖；3—压盘；4—膜片弹簧；5—支承圈；6—分离钩；7—铆钉；8—分离轴承

二、多簧式双片离合器的构造和工作原理

1. 多簧式双片离合器的构造

图 3-8 所示的为周布弹簧式离合器的结构。

周布弹簧式离合器的构造：由于周布弹簧只能作为压紧机构，因此在分离机构中又增设了分离杠杆，使结构较复杂，质量较大，轴向尺寸较大。

（1）主动部分。主动部分主要由飞轮、压盘、离合器盖等组成，离合器盖用螺栓固定在发动机飞轮上。压盘通常都是由离合器盖来驱动的，它是在压盘和离合器盖间通过3～4组（每组2～8片）弹性传动片来传递转矩，并实现导向和定位的。如图3-8所示，在离合器分离和接合过程中，依靠弹性传动片的弯曲变形，压盘便可前后移动。正常工作时，离合器盖通过传动片拉动压盘旋转，且无冲击噪声及压盘定心性能变坏等问题。但传动片的反向承载能力较差，汽车反拖时易折断传动片。传动片式驱动是广泛采用的一种结构，既用于单片离合器，也用于双片离合器的后压盘驱动。

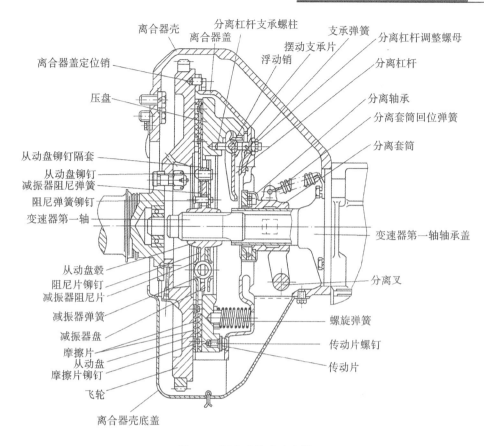

图 3-8 周布弹簧式离合器

（2）从动部分。从动部分的主要件就是从动盘。从动盘是由两片摩擦衬片 1、6 和从动盘钢片 3、从动盘毂 5 等组成，如图 3-9 所示。

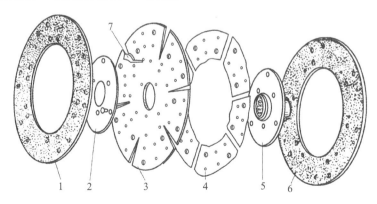

图 3-9 从动盘的组成

1—前衬片；2—压片；3—从动盘钢片；4—波浪形弹簧钢片；5—从动盘毂；6—后衬片；7—平衡片

从动盘钢片通常用薄弹簧钢板制成，并与从动盘毂铆在一起，其上开有辐射状的槽，一方面可防止因受热产生拱曲变形，另一方面两侧铆上摩擦片后构成通风道，在从动盘转动时加强空气的流动，对从动盘散热。

摩擦衬片应有较大的摩擦因数,良好的耐磨性和耐热性。为了接合柔和,还应有适当的弹性。常用的摩擦衬片是用复合材料(加铜丝、铝粉丝等)、黏合剂及其他辅助材料经热压合而成。衬片与从动盘钢片的接合,一般用铜或铝铆钉铆合,也有用树脂胶粘接的。为了通风散热、分离迅速和自动清除滑磨下的磨屑,有些衬片上刻有深 0.5 mm 的辐射状沟槽。为了消减扭转振动,避免共振及缓和可能发生的冲击,同样装有扭转减振器(中小型汽车绝大多数装在离合器从动盘上)。

(3) 压紧机构。

周布弹簧式离合器的压紧机构是沿压盘周向对称布置的若干螺旋圆柱弹簧。某些重型汽车由于需要弹簧的数目较多,所以在弹簧内再套弹簧或把弹簧布置在两个同心的圆上。

由于弹簧直接接触压盘,为了减少压盘向弹簧传热,以防止弹簧受热弹力下降,在压盘上弹簧座处常垫有隔热垫,或在压盘处铸有 3~4 条筋,以减少压盘与弹簧的接触面积。

周布弹簧式离合器的弹簧在高速旋转时会因离心力而向外弯曲变形,从而导致高速时压紧力下降;这就使得这种传统的压紧机构在现代高速发动机上的应用受到一定的限制。另外,多簧式的弹簧容易因弹力不均而造成汽车起步发抖。

(4) 操纵机构。

①分离叉。分离叉的支点一般多支承在离合器壳上。图 3-9 中的分离叉为单点支承,其中部有一球碗并有一 U 形弹簧片,靠二者的配合将分离叉夹持在球头销上。另一种常见的分离叉与转轴制成一体,转轴的两端靠衬套支承在离合器壳上。

②分离杠杆。分离杠杆与离合器盖和压盘的连接应防止分离离合器时发生运动干涉,并且分离杠杆的高度可以调整。

2. 多簧式双片离合器

图 3-10 所示的为双片离合器,与单片离合器相比,主要区别是主动部分多了一个中间压盘和从动部分多了一个从动盘。也就是说,双片离合器有两个从动盘和两个压盘,摩擦面从两个增加到四个。这样在不增加平均摩擦半径和压紧力的情况下,可以使传递的转矩增大一倍。其结构和工作特点如下。

(1) 中间压盘的驱动。双片离合器的中间压盘不是通过离合器盖而是由飞轮直接驱动的,其驱动方式通常有传动销式、传动块式和凸耳-切槽式三种。

(2) 中间压盘的分离装置。中间压盘因不能像后压盘那样由分离杠杆来拉动使其分离,因而都有单独的分离装置。图 3-11 所示的为几种分离装置。

图 3-11(a)所示的为扭簧摆杆式,摆杆 6 可沿中间压盘 3 上的销轴转动,分离弹簧 7 使摆杆两端靠紧在飞轮和后压盘上。由于摆杆两臂等长,当离合器分离时,后压盘后移,摆杆便在弹簧作用下转动,使中间压盘始终与飞轮和后压盘保持等距离,从而保证两从动盘都能彻底分离。这种弹簧的散热条件好,不易产生热疲劳。

图 3-11(b)所示的为双弹簧式,由于分离弹簧 7 和 8 同规格,当离合器分离、后压盘向后移动时,中间压盘始终与飞轮和后压盘保持等距离,从而保证两从动盘都能彻底分离。

图 3-11(c)、(d)所示的为两种分离弹簧加限位螺钉(栓)式。离合器分离时,分离弹簧 7 使中间压盘与前从动盘分离,限位螺钉 10 或调整螺母 15 用来调整并限制中间压盘的分离距离,这一距离既要保证前从动盘能彻底分离(不过小),又要防止中间压盘移动过多造成后从

动盘不能分离。锁止弹簧 12 和锁止垫圈 11 是用来自动锁止限位螺钉位置的。

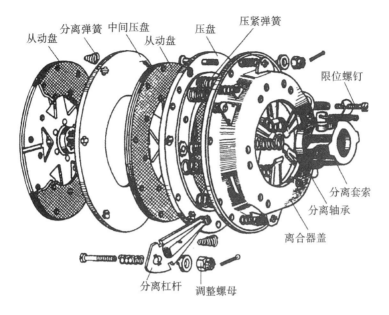

图 3-10 双片离合器

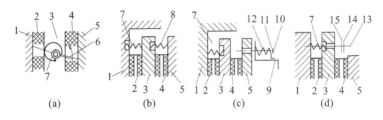

图 3-11 中间压盘分离装置的形式

(a) 扭簧摆杆式；(b) 双弹簧式；(c)、(d) 分离弹簧加限位螺钉(栓)式

1—飞轮；2、4—从动盘；3—中间压盘；5—后压盘；6—摆杆；7、8—分离弹簧；9—离合器盖；10—限位螺钉；
11—锁止垫圈；12—锁止弹簧；13—限位螺栓；14—锁止螺母；15—调整螺母

三、中央弹簧式双片离合器的构造和工作原理

中央弹簧式离合器如图 3-12 所示，它只有一个张力较强的压紧弹簧布置于离合器的中央。压紧弹簧的形状有螺旋圆柱形和螺旋圆锥形，由于锥形弹簧的轴向尺寸小，可以缩短离合器的轴向尺寸，因而较圆柱形弹簧用得多。

中央弹簧离合器的特点如下。

(1) 压紧力放大。它的压紧弹簧不直接作用在压盘上，而是通过杠杆作用将弹簧的张力放大数倍后作用在压盘上。离合器分离时，分离轴承向前推动弹簧座 12，在进一步压缩压紧弹簧的同时，压紧杠杆内端前移，外端解除对压盘的压力，压盘便在分离弹簧 14 的作用下分离。

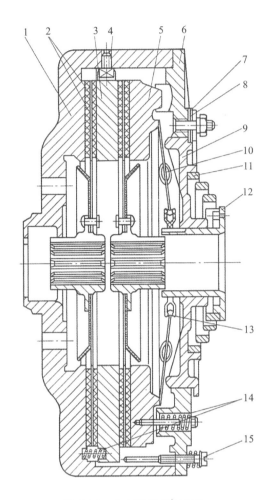

图 3-12 中央弹簧式离合器

1—飞轮；2—从动盘；3—中间压盘；4—传动块；5—压盘；6—离合器；7—调整垫片；8—压板；9—支承盘；10—压紧杠杆；11—压紧弹簧；12—弹簧座；13—钢球及座圈；14—压盘分离弹簧；15—中间压盘限位螺钉

（2）压紧力可以调整。中央弹簧式离合器的压紧力都是可调的，如图 3-12 所示，在压板 8 和离合器盖之间有若干片厚度不等的调整垫片 7。当从动盘摩擦片磨损后，弹簧座 12 要向后移动，增大了它与支承盘 9 之间的距离，使弹簧伸长，压紧力下降。为了恢复原来的压紧力，只需适当减薄调整垫片 7，使支承盘 9 前移，其弹簧座 12 则在压紧杠杆的作用下向前移动数倍（压紧杠杆的杠杆比）于支承盘的移动距离，从而使弹簧座与支承盘间的距离恢复到原规定的值。由于弹簧座前移，增大了与分离轴承间的间隙，需重调踏板自由行程。

四、机械式操纵机构的构造和工作原理

机械式操纵机构有杆式传动和绳索式传动两种。

1. 杆式传动离合器操纵机构

杆式传动是由一组杆系组成的，其结构简单、工作可靠，广泛用于各型汽车上。缺点是杆件间铰接多，摩擦损失大，车架或驾驶室变形以及发动机发生位移时会影响正常工作。

图 3-13 所示的为杆式传动离合器操纵机构。杆式传动操纵机构由踏板、拉杆及其调节叉、分离叉及踏板回位弹簧等组成。拉杆调节叉用螺栓与拉杆连接，从而可通过调节叉来调节拉杆的长度，以实现踏板自由行程的调整。

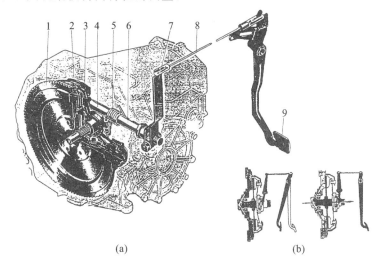

图 3-13　杆式传动离合器操纵机构

(a) 离合器操作结构图；(b) 离合器动作示意图

1—飞轮齿圈；2—飞轮；3—离合器总成；4—分离轴承；5—回位弹簧；6—分离轴；7—传动臂；8—拉索；9—踏板

2. 绳索式传动离合器操纵机构

图 3-14 所示的为绳索式传动离合器操纵机构，绳索式传动适用于远距离操纵和吊挂式踏板结构。由于关节点较多、摩擦损失较大，因此，随着使用次数的增加磨损加剧，最大踏板力将会增加，操纵绳索寿命较短。

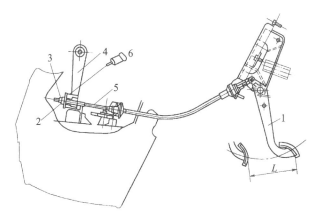

图 3-14　绳索式传动离合器操纵机构

1—离合器踏板；2—调整螺母；3—锁紧螺母；4—离合器分离摆臂；5—绳索；6—绳索摆臂接合套

五、液压式操纵机构的构造和工作原理

1. 构造

液压式操纵机构主要由离合器踏板、离合器主缸、连接软管、工作缸等组成,如图 3-15 所示。

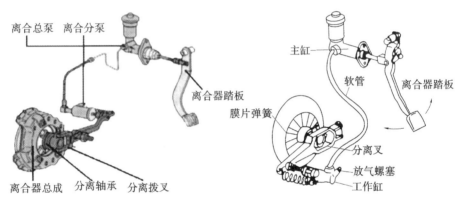

图 3-15 液压离合器操纵机构

2. 工作过程

当踩下离合器踏板时,主缸推杆推动主缸活塞,使主缸中的油液压力上升,高压油自主缸出来经管路进入工作缸,推动工作缸活塞,同时活塞通过工作缸推杆推动分离叉,使分离轴承、分离套筒前移,最后离合器分离。

当放松离合器踏板时,主缸推杆对其活塞的推力消失,主缸活塞在弹簧的作用下回位,系统内油压下降,工作缸活塞在分离叉回位弹簧的作用下回位,离合器处于接合状态。

3. 离合器液压操纵系统

轿车的离合器采用液压操纵系统,其结构如图 3-16 所示。

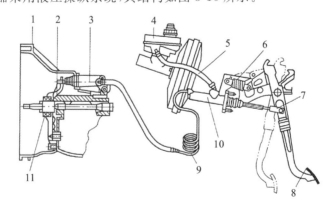

图 3-16 离合器液压操纵系统

1—变速器壳体;2—分离板;3—工作缸;4—储液罐;5—进油软管;6—回位弹簧;
7—推杆接头;8—离合器踏板;9—油管总成;10—主缸;11—分离轴承

其主缸构造如图 3-17 所示，主缸体中补偿孔 A、进油孔 B 通过进油软管与储液罐相通。主缸内活塞中部较细，且为"十"字形断面，活塞两端装有橡胶碗 4，活塞左端中部装有单向阀，经小孔与活塞右方主缸内腔的油室相通。当离合器处于初始状态时，活塞左端橡胶碗 4 位于补偿孔 A 与进油孔 B 之间，两孔均开放。

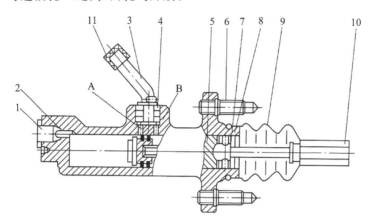

图 3-17 离合器主缸
1—保护塞；2—壳体；3—管接头；4—橡胶碗；5—阀芯；6—固定螺栓；7—卡簧；
8—挡圈；9—护套；10—推杆；11—保护套；A—补偿孔；B—进油孔

工作缸的构造如图 3-18 所示，工作缸内装有活塞、橡胶碗、推杆等，缸上装有放气螺塞。

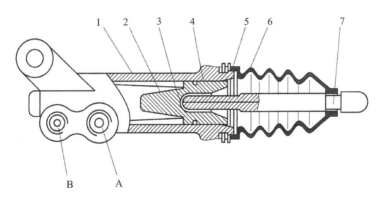

图 3-18 离合器工作缸
1—壳体；2—活塞；3—管接头；4—橡胶碗；5—挡圈；6—保护套；7—推杆；A—补偿孔；B—进油孔

当踩下离合器踏板时，通过主缸推杆使活塞向左移动，单向阀关闭。当橡胶管路中油液受压时，压力升高。在油压作用下，工作缸活碗将补偿孔 A 关闭后，管路中油液受压，在油压作用下，工作缸活塞被推向左，工作缸推杆推动分离板，带动分离轴承，使离合器分离。

当迅速放松离合器踏板时，踏板回位弹簧通过主缸推杆使主缸活塞较快右移，由于油液在管路中流动有一定阻力，使活塞左面有可能形成一定的真空度。在左右压力差的作用下，少量油液经过进油孔经活塞单向阀到达活塞左腔。当工作缸中的油液又重回到主缸时，由于有少量补偿油液经单向阀流入，致使主缸左腔总油量增多，多余的油经补偿孔 A 流回储油罐。因此，当液压系统因漏油或因温度变化引起油液的容积变化时，则借补偿孔 A 适时地使整个油路中的油量得到适当增减,以保证正常油压和液压系统工作的可靠性。

六、带助力装置的操纵机构的构造和工作原理

一些汽车为了使离合器操纵轻便,减轻踏板操纵力,改善驾驶员操纵条件,在机械式、液压式操纵机构基础上设置了助力装置。常见的助力装置有弹簧助力式和气压助力式两种。

1. 弹簧助力式操纵机构

弹簧助力式操纵机构就是在离合器踏板上铰接一回位弹簧。如图 3-19 所示,弹簧 1 既是踏板回位弹簧,也是助力弹簧,弹簧助力装置结构简单,但助力效果不大,所以只在中、轻型汽车上采用。对于重型汽车,常采用气压助力装置。

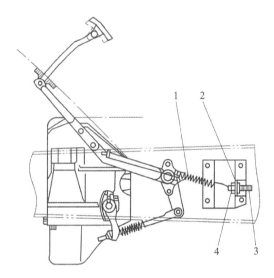

图 3-19 离合器弹簧助力操纵机构
1—踏板回位弹簧(助力弹簧);2—调整螺母;3—调整螺母;4—锁紧螺母

2. 气压助力式操纵机构

气压助力式操纵机构的助力装置一般是由随动控制阀和助力缸组成。随动控制阀主要由一个两用阀门及控制其开闭的机构组成,其作用是控制助力缸的进、排气时刻以及助力缸内所保持气压的大小,以产生与驾驶员操作要求相适应的助力作用。助力缸实际上是气压工作缸,主要由缸筒、活塞和推杆组成,其作用是产生动力进行助力。气压助力式操纵机构有气压助力机械式和气压助力液压式两种。

(1) 气压助力机械式操纵机构。

气压助力机械式操纵机构的布置形式如图 3-20 所示。

离合器踏板 1 通过前拉杆 6 与随动控制阀 3 相连,随动控制阀 3 可随拉杆一起移动。助力缸 8 固定在车架上,它与随动控制阀之间用气管 9 连接。进气管 10 则与储气筒相通。

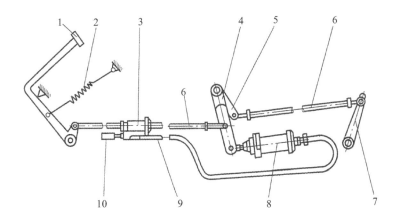

图 3-20 气压助力机械式操纵机构的布置形式

1—踏板；2—回位弹簧；3—随动控制阀；4—中间轴外摇臂；5—中间轴内摇臂；
6—前拉杆；7—分离叉臂；8—助力缸；9—气管（软）；10—进气管（软）

3. 气压助力液压式操纵机构

气压助力液压式操纵机构，其控制阀、助力缸有的与液压主缸装为一体的，也有的与液压工作缸装成一体的。图 3-21 为货车离合器操纵机构示意图，图中助力器即气压助力液压工作缸。

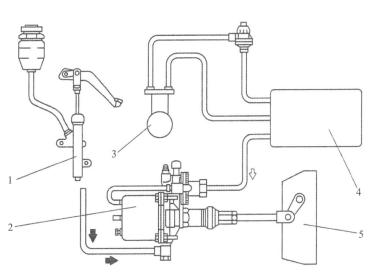

图 3-21 气压助力液压式操纵机构

1—液压主缸；2—助力器；3—空气压缩机；4—储气筒；5—离合器

虽然各种气压助力装置的结构有所不同，但工作原理都相同。

在离合器分离过程中，随动控制阀的进气阀门打开，排气阀门关闭，压缩空气由进气阀门进入助力缸，产生助力作用。

在离合器接合过程中，进气阀门关闭，排气阀门打开，助力缸内的压缩空气逐渐由排气阀门放出，实现离合器接合。踏板松开得越慢，则排气阀门打开越小，因而压缩空气排出得越慢，离合器接合越柔和。

在离合器分离或接合过程中，若踏板保持在某一位置时，则进、排气阀门都关闭，助力缸的气压与离合器压紧弹簧产生的总抗力平衡，离合器维持某一接合力。踏板位置越低，平衡气压越大，踏板力越大。

手动变速器的功用

 提示

必须全面掌握手动变速器的三个功用,对其词语的严谨表达必须仔细研读及掌握。

 考核要点

主要考核手动变速器的三个功用,这些内容可转变的考核题型有单项选择题、判断题、综合题中的综述题、填图题。

 知识点

手动变速器主要有三个功用:改变传动比、设置倒挡和设置空挡。

1. 改变传动比

扩大驱动轮转矩和转速的变化范围,满足各种条件下对车辆牵引力和车速的要求,以适应经常变化的汽车行驶条件(如起步、加速、上坡等),同时使发动机能在功率较高而油耗较低的经济工况下工作。

2. 设置倒挡

使汽车在发动机曲轴旋转方向不改变的前提下,能倒向行驶。

3. 设置空挡

利用空挡中断发动机的动力传递,便于车辆起动、怠速运转、换挡和动力输出,以满足汽车行驶的要求。

5 普通手动齿轮变速器的变速传动原理及传动比的计算

提示

不论是单级齿轮传动,或是多级齿轮传动,均会计算其传动比。

考核要点

主要考核普通手动齿轮变速器的变速传动原理及传动比的计算。

(1) 单级齿轮传动中,其传动比计算公式为:$i_{12}=n_1/n_2=Z_2/Z_1=D_2/D_1=M_2/M_1$,即 $i_{12}=n_1/n_2$ 或 $i_{12}=Z_2/Z_1$ 或 $i_{12}=D_2/D_1$ 或 $i_{12}=M_2/M_1$,给定其中任意一个公式中的两个数值,会计算第三个数值;其中,$n_1/n_2=Z_2/Z_1$ 或 $n_1/n_2=D_2/D_1$ 或 $n_1/n_2=M_2/M_1$ 或 $Z_2/Z_1=D_2/D_1$ 或 $Z_2/Z_1=M_2/M_1$ 或 $D_2/D_1=M_2/M_1$,给定其中任意一个公式中的三个数值,会计算第四个数值和传动比。

(2) 多级齿轮传动中,其传动比计算公式为

i_{1n}＝所有主动齿轮转速乘积/所有从动齿轮转速乘积

＝所有从动齿轮齿数乘积/所有主动齿轮齿数乘积

＝所有从动齿轮直径乘积/所有主动齿轮直径乘积

＝所有从动齿轮的转矩乘积/所有主动齿轮的转矩乘积

首先判定各级主、从动齿轮,再根据各个齿轮的转速或齿数或齿轮直径或转矩,以及齿轮与轴之间的联结状况,计算传动比。

上述内容可转变的考核题型有单项选择题、判断题、综合题中的综述题、计算题、填图题。

知识点

普通齿轮式变速器是利用不同齿数的齿轮啮合传动来实现转速和转矩的改变的。由齿

轮传动的原理可知,一对齿数不同的齿轮啮合传动时可以变速,而且两齿轮的转速与齿轮的齿数成反比。设主动齿轮的转速为 n_1,齿数为 Z_1;从动齿轮的转速为 n_2,齿数为 Z_2。主动齿轮(即输入轴)的转速与从动齿轮(即输出轴)的转速之比值称为传动比,用 i_{12} 表示,即

$$i_{12} = 主动齿轮转速/从动齿轮转速$$
$$= 从动齿轮齿数/主动齿轮齿数$$
$$= 从动齿轮直径/主动齿轮直径$$
$$i_{12} = n_1/n_2 = Z_2/Z_1 = D_2/D_1$$

设主动齿轮的转矩为 M_1,从动齿轮的转矩为 M_2,根据齿轮传动原理,$n_1/n_2 = M_2/M_1$。因此,齿轮传动时的传动比 i_{12} 可表示为

$$i_{12} = 从动齿轮转矩/主动齿轮转矩$$
$$i_{12} = n_1/n_2 = Z_2/Z_1 = M_2/M_1$$

如图 5-1(a)所示,当小齿轮为主动齿轮(即 $Z_1 < Z_2$),带动大的从动齿轮转动时,则输出轴(从动齿轮)的转速就降低,同时传递的转矩增加,即 $n_1 > n_2$,$M_1 < M_2$,实现减速增矩传动。

如图 5-1(b)所示,当以大齿轮为主动齿轮(即 $Z_2 > Z_1$),带动小的从动齿轮转动时,则输出轴(从动齿轮)的转速就升高,同时传递的转矩减小,即 $n_1 < n_2$,$M_1 > M_2$,实现增速减矩传动。

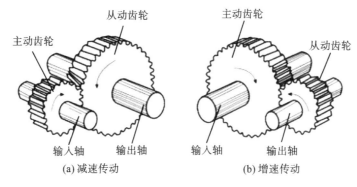

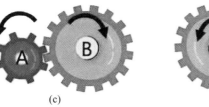

变速器工作原理示意图

转速:$A > B$
驱动力:$A < B$

转速:$A < B$
驱动力:$A > B$

(c)　　　　　　　(d)

▶ 转动时,A的转速必然比B的转速要高,通过不同大小齿轮的组合,可以实现增速或减速。
▶ 大小不同齿轮间的传动,传动扭矩之所以能增大或减小,其实这跟杠杆的原理是一样的。

图 5-1　齿轮传动的基本原理

而当主动齿轮与从动齿轮大小相等(即 $Z_1=Z_2$)时,则输出轴(从动齿轮)的转速就等于输入轴(主动齿轮)的转速,同时,传递的转矩不变,即 $n_1=n_2$,$M_1=M_2$,实现等速等矩传动。

一对齿轮传动只能得到一个固定的传动比,从而得到一种输出转速,并构成一个挡位。为了扩大变速器输出转速的变化范围,普通齿轮式变速器通常都采用多对大小不同的齿轮啮合传动,获得不同的传动比,这样就构成多个不同的挡位。对应不同的挡位,均有不同的传动比值,从而得到各种不同的输出转速。通过操纵机构改变传递动力的齿轮副,实现换挡。

当经过若干对齿轮传动时,传动比为所有从动齿轮齿数乘积与所有主动齿轮齿数乘积的比值,即

$$i_{1n}=\text{所有主动齿轮转速乘积}/\text{所有从动齿轮转速乘积}$$
$$=\text{所有从动齿轮齿数乘积}/\text{所有主动齿轮齿数乘积}$$
$$=\text{所有从动齿轮直径乘积}/\text{所有主动齿轮直径乘积}$$
$$=\text{所有从动齿轮的转矩乘积}/\text{所有主动齿轮的转矩乘积}$$

一对外啮合齿轮传动,输入轴与输出轴(见图 5-2)转向相反,若两齿轮间再加一惰轮,则输入轴、输出轴转向相同。

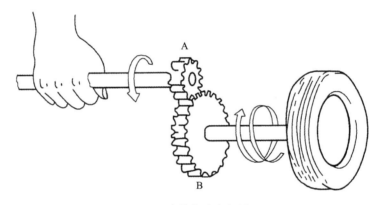

图 5-2 齿轮传动变向原理

一般轿车和轻、中型客货车的变速器有若干个前进挡和一个倒挡,每个挡位对应一个传动比。所谓几挡变速器是指其前进挡的数目。前进挡一般为降速挡,传动比 $i>1$;传动比 $i=1$ 的挡位称为直接挡;如果汽车具有超速挡,则 $i<1$。

6 万向传动装置的功用、组成和类型

 提示

各种车型不同的系统上装有各种类型的万向传动装置,要注意这些类型的万向传动装置具有不同的功用、组成。

 考核要点

(1) 万向传动装置的功用。
(2) 万向传动装置的组成。
(3) 变速器与驱动桥之间的万向传动装置的组成。
(4) 变速器与分动器之间的万向传动装置的组成。
(5) 转向驱动桥中的主减速器与转向驱动轮之间的万向传动装置的组成。
(6) 转向操纵机构中的万向传动装置的功用、组成。

上述内容可转变的考核题型有单项选择题、判断题、综合题中的综述题、填图题。

 知识点

一、万向传动装置的功用

万向传动装置的功用是能在汽车上任何一对有轴间夹角和相对位置经常发生变化的转轴之间传递动力。即将万向传动装置连接不在同一直线上的输出轴和输入轴之间,并保证在两轴之间的夹角和距离经常变化的情况下,仍能可靠地传递动力。

二、万向传动装置的组成

万向传动装置一般由万向节和传动轴等组成。由于发动机与驱动装置之间的位置关系,有时需要将传动轴分成两端,在中部加装中间支承。汽车上任何一对轴线相交,并且相对位置经常发生变化的转轴之间进行动力传递,均需要使用万向传动装置。其主要部件有主传动轴、中间传动轴、中间支承、万向节、凸缘叉、滑动叉、花键轴,如图6-1所示。安装时必须使传动轴两端的万向节叉处于同一平面。

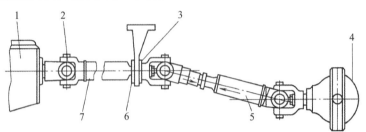

图 6-1 变速器与驱动桥之间的万向传动装置
1—变速器;2—万向节;3—中间支承;4—驱动桥;5、7—传动轴;6—球轴承

三、万向传动装置应用类型

1. 变速器与驱动桥之间的方向传动装置

在发动机前置、后轮驱动的汽车上,变速器常与发动机、离合器连成一体支承在车架上,而驱动桥则通过弹性悬架与车架连接,如图6-2所示。变速器输出轴轴线与驱动桥的输入轴轴线难以布置得重合,并且在汽车行驶过程中,由于不平路面的冲击等因素,弹性悬架系统产生振动,使二轴间相对位置(夹角和距离)经常变化,故变速器的输出轴与驱动桥输入轴不可能刚性连接,而必须采用一般由两个万向节和一根传动轴组成的万向传动装置,如图6-3(a)所示。在变速器与驱动桥距离较远的情况下,应将传动轴分成两段,如图6-3(b)所示,即将主传动轴3和中间传动轴5与3个十字轴万向节2相连,且在中间传动轴后端设置了中间支承6。这样,可避免因传动轴过长而使自振频率降低和高转速下产生共振;同时提高了传动轴的临界转速和工作可靠性。

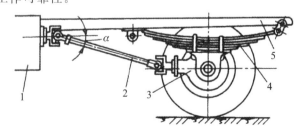

图 6-2 变速器与驱动桥之间的万向传动装置
1—变速器;2—万向传动装置;3—驱动桥;4—后悬架;5—车架

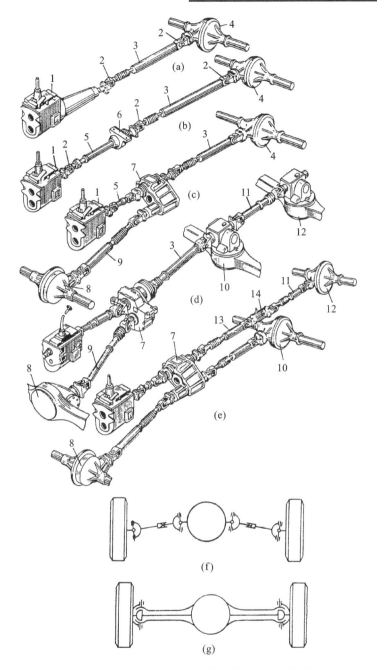

图 6-3 万向传动装置在汽车传动系统中的应用与布置

1—变速器；2—十字轴万向节；3—主传动轴；4—驱动桥；5—中间传动轴；6,14—中间支承；7—分动器；
8—转向驱动桥；9—前桥传动轴；10—中驱动桥；11—后桥传动轴；12—后驱动桥；13—后桥中间传动轴

2. 变速器与分动器之间的万向传动装置

对于双轴驱动的越野汽车（见图 6-3(c)），当变速器 1 与分动器 7 分开布置时，虽然它们都支承在车架上，而且在设计时，使其轴线重合，但为了消除制造、装配误差以及车架变形对传动的影响，在其间也常设有万向传动装置（中间传动轴 5）。为了传递动力，在分动器与转向驱动桥之间又设置了前桥传动轴 9。

在三轴驱动的越野汽车中,中、后桥的驱动形式有两种,即贯通式(见图 6-3(d))和非贯通式(见图 6-3(e))。若采用非贯通式结构,其后桥传动轴 11 也必须设置中间支承 14,并常将其固定在中驱动桥 10 桥壳上。

3. 转向驱动桥中的主减速器与转向驱动轮之间的万向传动装置

对于转向驱动桥,前轮既是转向轮又是驱动轮。作为转向轮,要求它能在最大转角范围内任意偏转某一角度;作为驱动轮,则要求半轴在车轮偏转过程中不间断地把动力从主减速器传到车轮。因此,转向驱动桥的半轴不能制成整体而要分段,且用万向节连接,以适应汽车行驶时半轴各段的交角不断变化的需要。若采用独立悬架,则在靠近主减速器处也需要有万向节(见图 6-3(f)及图 6-4);若前驱动轮采用非独立悬架,则只需在转向轮附近装一个万向节(见图 6-3(g))。

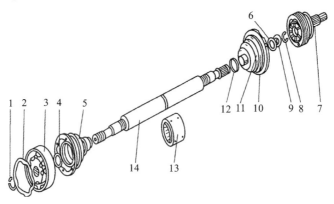

图 6-4 断开式驱动桥的万向传动装置

1—弹性挡圈;2—垫片;3—内等角速万向节;4、6—碟形垫圈;5、11—万向节防尘套;7—外等角速万向节;8—挡圈;9—推力垫圈;10、12—卡箍;13—振动缓冲器;14—传动轴

4. 转向操纵机构中的万向传动装置

一些汽车的转向操纵机构受整体布置的限制,转向盘轴线与转向器输入轴线不重合,因此,在转向操纵机构中装有万向传动装置(见图 6-5)。

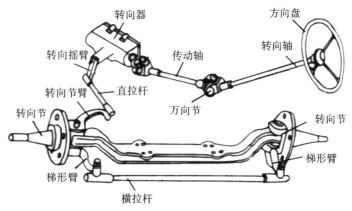

图 6-5 转向操纵机构中的万向传动装置

7 万向节的类型、构造及工作原理

 提示

考核点是万向节的类型、构造及工作原理,但具体考核什么类型的万向节的构造及工作原理没有具体指明。目前,十字轴式、双联式、三销轴式、球叉式、球笼式、挠性等类型的万向节在汽车上都得到普遍使用,因此,必须了解各种类型万向节的构造及工作原理。

 考核要点

(1) 万向节的类型。
(2) 十字轴式刚性万向节的构造。
(3) 十字轴式刚性万向节传动的不等速性。
(4) 十字轴式双万向节传动的等速条件。
(5) 双联式万向节的构造和工作原理。
(6) 三销轴式万向节的构造和工作原理。
(7) 球叉式万向节的构造和工作原理。
(8) 固定型球笼式万向节(RF 节)的构造和工作原理。
(9) 伸缩型球笼式万向节(VL 节)的构造和工作原理。
(10) 三枢轴-球面滚轮式等速万向节的构造和工作原理。
(11) 挠性万向节的构造和工作原理。
上述内容可转变的考核题型有单项选择题、判断题、综合题中的综述题、填图题。

知识点

一、万向节的类型

万向节是实现转轴之间变角度传递动力的部件,按其在扭转方向上是否有明显的弹性可分为刚性万向节和挠性万向节。在刚性万向节中,动力是靠两轴间的铰链式连接传递的,而在挠性万向节中则靠弹性零件传递的,且有缓冲减振作用。

刚性万向节又可分为不等速万向节(常用的为十字轴式)、准等速万向节(双联式、三销轴式等)和等速万向节(球叉式、球笼式等)。

二、十字轴式刚性万向节的构造和工作原理

十字轴式刚性万向节因其结构简单,工作可靠,传动效率高,且允许相邻两传动轴之间有较大的交角(一般为 15°~20°),故普遍应用于各类汽车的传动系统中。

1. 十字轴式刚性万向节的构造

图 7-1 所示的为十字轴式刚性万向节的构造。两万向节叉 2 和 6 上的孔分别活套在十字轴 4 的两对轴颈上。这样当主动轴转动时,从动轴既可随之转动,又可绕十字轴中心在任意方向摆动。为了减少摩擦损失,提高传动效率,在十字轴轴颈和万向节叉孔间装有由滚针 8 和套筒 9 组成的滚针轴承。然后用螺钉和轴承盖 1 将套筒 9 固定在万向节叉上,并用锁片将螺钉锁紧,以防止轴承在离心力作用下从万向节叉内脱出。为了润滑轴承,十字轴做成中空的,并有油路通向轴颈。

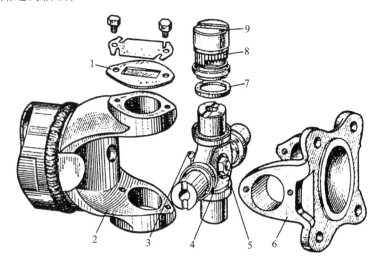

图 7-1 十字轴式刚性万向节
1—轴承盖;2、6—万向节叉;3—油嘴;4—十字轴;5—安全阀;7—油封;8—滚针;9—套筒

如图 7-2 所示,润滑油从滑脂嘴 4 注入十字轴内腔。为避免润滑油流出及尘垢进入轴承,在十字轴的轴颈上套着装在金属座圈内的毛毡油封。在十字轴的中部还装有带弹簧的安全阀。如果十字轴内腔的润滑油压力大于允许值,安全阀即被顶开而润滑油外溢,使油封不致因油压过高而损坏。

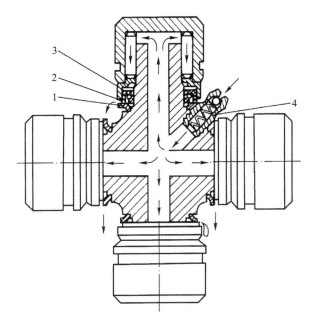

图 7-2 十字轴润滑油道及密封装置
1—油封挡盘;2—油封;3—油封座;4—滑脂嘴

万向节中常见的滚针轴承轴向定位方式,除上述盖板式外,还应用内、外挡圈固定式,如图 7-3 和图 7-4 所示,其特点是工作可靠、零件少、结构简单。

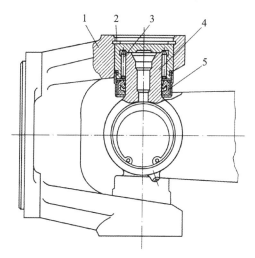

图 7-3 滚针轴承的内挡圈定位
1—万向节叉;2—内挡圈;3—滚针轴承;4—十字轴;5—橡胶油封

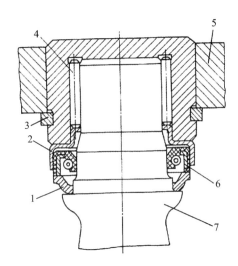

图 7-4 滚针轴承的外挡圈定位

1—油封挡盘；2—油封座；3—外挡圈；4—滚针；5—万向节叉；6—橡胶油封；7—十字轴

2. 十字轴式刚性万向节传动的不等速性

单个十字轴式刚性万向节在输入轴和输出轴有交角的情况下，其两轴的角速度是不相等的。下面就单万向节传动过程中的两个特殊位置进行运动分析，说明它传动的不等速性。

(1) 主动叉在垂直位置，且十字轴平面与主动轴垂直的情况（见图 7-5(a)）。主动叉与十字轴连接点 a 的线速度 v_a 的方向在十字轴平面内；从动叉与十字轴连接点 b 的线速度 v_b 在与主动叉平行的平面内，并且垂直于从动轴。点 b 的线速度 v_b 可分解为在十字轴平面内的速度 v_b' 和垂直于十字轴平面的速度 v_b''。由速度直角三角形可以看出，在数值上 $v_b > v_b'$。在十字轴旋转半径相等，即 $oa = ob$。当万向节传动时，十字轴是绕 o 点转动的，其上 a、b 两点在十字轴平面内的线速度在数值上应相等，即 $v_b' = v_a$。因此，$v_b > v_a$。由此可知，当主、从动叉转到所述位置时，从动轴的转速大于主动轴的转速。

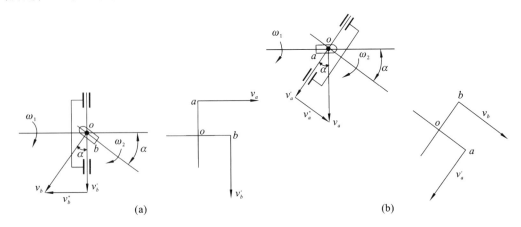

图 7-5 十字轴式刚性万向节传动的不等速性

(2) 主动叉在水平位置，且十字轴平面与从动轴垂直时的情况（见图 7-5(b)）。此时主动

叉与十字轴连接点 a 的线速度 v_a 在平行于从动叉的平面内,并且垂直于主动轴。线速度 v_a 可分解为在十字轴平面内的速度 v_a' 和垂直于十字轴平面的速度 v_a''。根据上述同样道理,在数值上 $v_a > v_a'$,而 $v_a' = v_b$,因此,$v_a > v_b$,即当主、从动叉转到所述位置时,从动轴的转速小于主动轴的转速。

通过对上述两个特殊情况的分析可以看出,十字轴式刚性万向节在传动过程中,主、从动轴的转速是不相等的。

单万向节传动的不等速性,将使从动轴及与其相连的传动部件产生扭转振动,从而产生附加的交变载荷,影响部件寿命。

3. 十字轴式双万向节传动的等速条件

从以上分析可以知道,在两轴(如变速器的输出轴和驱动桥的输入轴)之间,若采用如图 7-6 所示的双(十字轴式)万向节传动,则第一万向节的不等速效应就有可能被第二万向节的不等速效应所抵消,从而实现两轴间的等角速传动。根据运动学分析得知,要达到这一目的,必须满足以下两个条件:①第一万向节两轴间交角 α_1 与第二万向节两轴间夹角 α_2 相等;②第一万向节的从动叉与第二万向节的主动叉处于同一平面内。后一条件完全可以由传动轴和万向节叉的正确装配来保证。但是,前一条件($\alpha_1 = \alpha_2$)只有在驱动轮采用独立悬架时,才有可能通过整车的总布置设计和总装配工艺的保证来实现,因为在此情况下主减速器和变速器的相对位置是固定的。而在驱动轮采用非独立悬架时,由于弹性悬架的振动,驱动桥输入轴与变速器输出轴的相对位置不断变化,不可能在任何时候都保证 $\alpha_1 = \alpha_2$,因而此时这两部件之间的万向传动只能做到使传动的不等速性尽可能小。

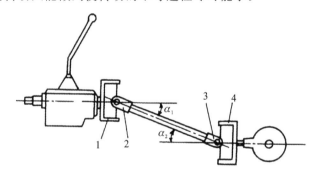

图 7-6 双万向节等速传动布置示意图
1、3—主动叉;2、4—从动叉

就每一个万向节而言,只要存在着交角 α_1 或 α_2,万向节在工作过程中内部各零件之间就有相对运动,因而导致摩擦损失,降低传动效率。交角越大,则效率越低。故在汽车总体布置时,应将变速器输出轴后端稍向下倾斜,主减速器输入轴前端略向上翘,以尽量减小 α_1 和 α_2。

上述双万向节传动虽能近似地解决等速传动问题,但在某些情况下,如转向驱动桥的分段半轴间,在布置上受轴向尺寸限制,而且转向轮要求偏转角度大(30°~40°),因而上述双万向节传动已难以适应。在长期实践过程中,人们发明了各种形式的等速和准等速万向节。只要用一个这样的万向节即能实现或基本实现等角速传动。在转向驱动桥及独立悬架的后驱动桥中广泛采用等角速万向节。

三、准等速万向节的构造和工作原理

准等速万向节是根据上述双万向节实现等速传动的原理而设计制造的,常见的有双联式和三销轴式万向节。

1. 双联式万向节

双联式万向节实际上是一套传动轴长度减缩至最小的双万向节等速传动装置。图 7-7 中的双联叉 3 相当于两个在同一平面上的万向节叉。欲使轴 1 和轴 2 的角速度相等,应保证 $\alpha_1 = \alpha_2$,为此在万向节的结构中,装有分度机构,以尽量保证双联叉的对称线平分所连两轴的交角。

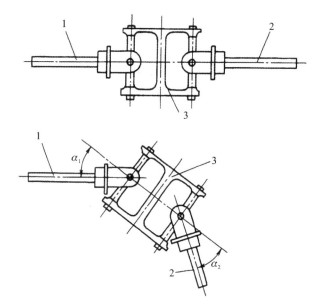

图 7-7 双联式万向节示意图
1,2—轴;3—双联叉

图 7-8 所示的为双联式万向节的结构实例。在万向节叉 6 的内端有球头,与球碗 9 的内圆面配合,球碗座 2 则镶嵌在万向节叉 1 内端。球头与球碗的中心与两十字轴中心的连线中点重合。当万向节叉 6 相对万向节叉 1 在一定角度范围内摆动时,双联叉 5 也被带动而偏转相应角度,使两十字轴中心连线与两万向节叉 1 和 6 的轴线的交角(即图 7-7 中的 α_1 和 α_2)差值很小,从而保证两轴角速度接近相等,其差值在容许范围内,故双联式万向节具有准等速性。

双联式万向节用于转向驱动桥时,可以没有分度机构,但必须在结构上保证双联式万向节中心位于主销轴线与半轴轴线的交点,以保证准等速传动。

双联式万向节允许有较大的轴间交角(一般可达 50°),且具有轴承密封性好、效率高、制造工艺简单、加工方便、工作可靠等优点,但零件数量较多,外形尺寸较大,故一般多用于越野汽车上。

7 万向节的类型、构造及工作原理

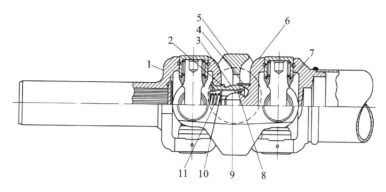

图 7-8 双联式万向节

1、6—万向节叉；2—球碗座；3—衬套；4—防护圈；5—双联叉；7—油封；8、10—垫圈；9—球碗；11—弹簧

2. 三销轴式万向节

三销轴式万向节是由双联式万向节演变而来的准等速万向节。图 7-9 所示的是转向驱动桥中的三销轴式万向节，主要由 2 个偏心轴叉 1 和 3、2 个三销轴 2 和 4 以及 6 个轴承、密封件等组成。主、从动偏心轴叉分别与转向驱动桥的内、外半轴制成一体。叉孔中心线与叉轴中心线互相垂直但不相交。两叉由两个三销轴连接。三销轴的大端有一穿通的轴承孔，其中心线与小端轴颈中心线重合。靠近大端两侧有两轴颈，其中心线与小端轴颈中心线垂直并且相交。装合时，每一偏心轴叉的两叉孔与一个三销轴的大端两轴颈配合，而后两个三销轴的小端轴颈互相插入对方的大端轴承孔内，这样便形成了 Q_1Q_1'、Q_2Q_2' 和 RR' 三根轴线。

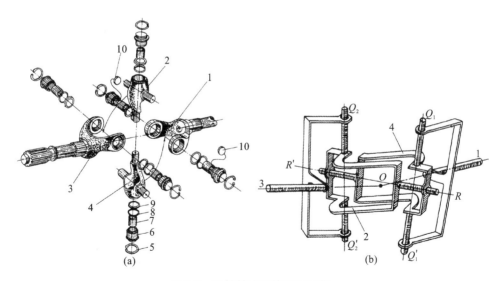

图 7-9 三销轴式准等速万向节

(a) 零件分解图；(b) 三销轴式万向节装配示意图

1—主动偏心轴叉；2、4—三销轴；3—从动偏心轴叉；5—卡环；6—轴承座；7—衬套；8—毛毡圈；9—密封罩；10—推力垫片

在与主动偏心轴叉 1 相连的三销轴 4 的两个轴颈端面和轴承座 6 之间装有推力垫片 10。其余各轴颈端面均无推力垫片，且端面与轴承座之间留有较大的空隙，以保证在转向时三销轴式万向节不致发生运动干涉现象。

三销轴式万向节的特点同样是允许相邻两轴有较大的交角,最大可达 45°。在转向驱动桥中采用这种万向节可使汽车获得较小的转弯半径,提高了汽车的机动性。其缺点是所占空间较大。

四、等速万向节的构造和工作原理

等速万向节的基本原理是从结构上保证万向节在工作过程中,其传力点永远位于两轴交角的平分面上。图 7-10 为一对大小相同的锥齿轮传动示意图。两齿轮的接触点 P 位于两齿轮轴线交角 α 的平分面上,由 P 点到两轴的垂直距离都等于 r。在 P 点处两齿轮的圆周速度是相等的,因而两个齿轮旋转的角速度也相等。与此相似,若万向节的传力点在其交角变化时,始终位于平分面内,则可使两万向节叉保持等角速的关系。

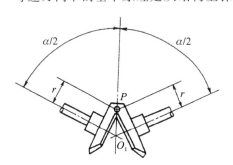

图 7-10 等速万向节的工作原理图

目前采用较广泛的球叉式万向节和球笼式万向节均根据这一原理制成。

1. 球叉式万向节

球叉式万向节的构造如图 7-11 所示。主动叉 5 与从动叉 1 分别与内、外半轴制成一体。在主、从动叉上,各有 4 个曲面凹槽,装合后,形成两个相交的环形槽,作为钢球滚道。4 个传动钢球 4 放在槽中,定心钢球 6 放在两叉中心的凹槽内,以定中心。

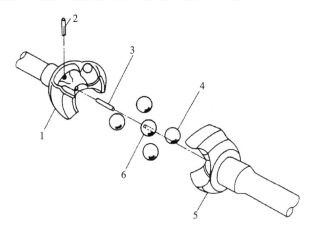

图 7-11 球叉式万向节
1—从动叉;2—锁止销;3—定位销;4—传动钢球;5—主动叉;6—定心钢球

为顺利地将钢球装入槽内,在定心钢球上铣出一个凹面,凹面中央有一深孔。定心钢球装合时,先将定位销 3 装入从动叉内,放入定心钢球,然后在两球叉槽中陆续装入三个传动钢球,再将定心钢球的凹面对向未放钢球一侧,以便装入第四个传动钢球,而后再将定心钢球的孔对准从动叉孔,提起从动叉轴使定位销 3 插入球孔中,最后将锁止销 2 插入从动叉上与定位销垂直的孔中,以限制定位销轴向移动,保证定心钢球的正确位置。

球叉式万向节的等角速传动原理可按图 7-12 来说明：主动叉和从动叉凹槽的中心线是以 O_1、O_2 为圆心的两个半径相等的圆，而圆心 O_1、O_2 与万向节中心 O 的距离相等。因此，在主动轴和从动轴以任何角度相交的情况下，传动钢球中心始终位于两圆的交点上，亦即所有传动钢球都位于角平分面上，因而保证了等角速传动。

球叉式万向节结构简单，两轴间允许最大交角为 32°～33°，一般应用于转向驱动桥的转向节处。

球叉式万向节工作时，只有两个钢球传力，反转时，则由另两个钢球传力。因此，钢球与曲面凹槽之间的单位压力较大，容易磨损，影响使用寿命。

有些球叉式万向节中省去了定位销和锁止销，定心钢球上也没有凹面，靠压力装配。这样结构更为简单，但拆装较困难。

上述球叉式万向节的滚道为圆弧槽形滚道。还有一种球叉式万向节的滚道是直槽形的，如图 7-13 所示。两球叉上的直槽与轴的中心线构成倾斜的角度，并且彼此对称。在两球叉的滚道中装有 4 个传力钢球。由于两球叉上的滚道处于对称位置，从而保证了 4 个钢球的中心处于两轴交角的平分面上。这种万向节的特点是加工比较容易，其两轴间的允许交角不超过 20°，且轴向允许有一定的滑动量，故可用在断开式驱动桥靠近主减速器处（内侧），用它可补偿半轴摆动时长度的变化，从而省去了滑动花键。

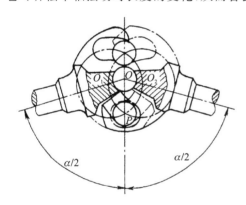

图 7-12 球叉式万向节等角速传动原理

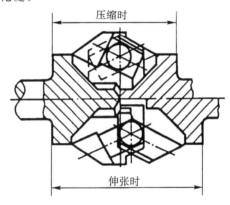

图 7-13 滚道为直槽形的球叉式万向节

2. 球笼式万向节

球笼式万向节按主、从动叉在传递转矩过程中轴向是否产生位移，可分为固定型球笼式万向节（RF）和伸缩型球笼式万向节（VL）

1）固定型球笼式万向节（RF）

固定型球笼式万向节的结构如图 7-14 所示。星形套 7 以内花键与主动轴 1 相连，其外表面有 6 条凹槽，形成内滚道。球形壳 8 内表面有相应的 6 条凹槽，形成外滚道。6 个钢球 6 分别装在各条凹槽中，并由保持架 4 使之保持在一个平面内。动力由主动轴 1 经钢球 6 球形壳 8 输出。

固定型球笼式万向节（RF）的等角速传动原理如图 7-15 所示。外滚道的中心 A 与内滚道的中心 B 分别位于万向节中心 O 的两边，且与 O 等距离。钢球中心 C 到 A、B 两点的距离也相等。保持架的内外球面、星形套的外球面和球形壳的内球面均以万向节中心 O 为球心。故当两轴交角变化时，保持架可沿内外球面滑动，以保持钢球在一定位置。

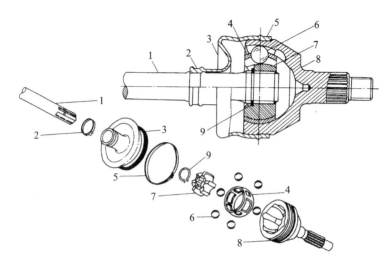

图 7-14　固定型球笼式万向节

1—主动轴；2、5—钢带箍；3—外罩；4—保持架（球笼）；6—钢球；7—星形套（内滚道）；8—球形壳（外滚道）；9—卡环

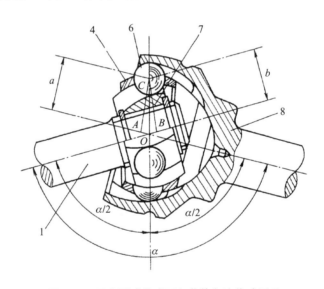

图 7-15　固定型球笼式万向节等角速传动原理

1—主动轴；2、5—钢带箍（图中未标出，见图 7-14）；3—外罩（图中未标出，见图 7-14）；4—保持架（球笼）；
6—钢球；7—星形套（内滚道）；8—球形壳（外滚道）；9—卡环（图中未标出，见图 7-14）；O—万向节中心；
A—外滚道中心；B—内滚道中心；C—钢球中心；α—两轴交角（指钝角）

由图 7-15 可见，由于 $OA=OB$，$CA=CB$，CO 是共边，则三角形 $\triangle COA$ 与 $\triangle COB$ 全等，故 $\angle COA = \angle COB$，即两轴相交任意交角 α 时，传力的钢球 C 都位于交角平分面上。此时钢球中心到主、从动轴轴线的距离 a 和 b 相等，从而保证了从动轴与主动轴以相等的角速度旋转。

固定型球笼式等速万向节两轴允许交角范围较大（45°～50°），在工作时，无论传动方向如何，6 个钢球全部传力。与球叉式万向节相比，其承载能力强、结构紧凑、拆装方便，因此应用越来越广泛。

2) 伸缩型球笼式万向节(VL)

伸缩型球笼式万向节的结构如图 7-16 所示。

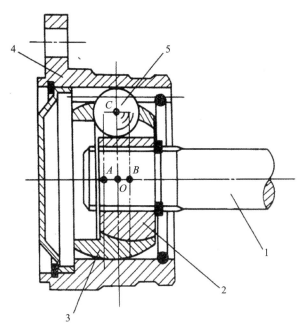

图 7-16　伸缩型球笼式万向节

1—主动轴；2—星形套(内滚道)；3—保持架(球笼)；4—筒形壳(外滚道)；5—钢球

伸缩型球笼式万向节的内外滚道是圆筒形的，在传递转矩过程中，星形套 2 与筒形壳 4 可以沿轴向相对移动，故可省去其他万向传动装置中必须有的滑动花键。这不仅使结构简化，而且由于星形套 2 与筒形壳 4 之间的轴向相对移动是通过钢球 5 沿内外滚道滚动来实现的，与滑动花键相比，其阻力小，最适用于断开式驱动桥。伸缩型球笼式万向节两轴交角范围为 20°～25°，较十字轴刚性万向节相邻两轴的交角范围大，但小于球叉式和固定型球笼式万向节。

这种万向节的保持架的内球面中心 B 与外球面中心 A 位于万向节中心 O 的两边，且与 O 等距离。钢球中心 C 到 A、B 距离相等，以保证万向节作等角速传动。

在前置、前轮驱动且采用独立悬架的轿车的转向驱动桥中均布置在靠主减速器侧(内侧)，而轴向不能伸缩的固定型球笼式万向节；则布置在靠近车轮处(外侧)，如图 7-17 所示。

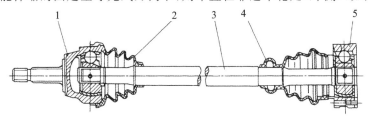

图 7-17　固定型球笼式万向节与伸缩型球笼式万向节在转向驱动桥中的布置

1—固定型球笼式万向节；2、4—防尘罩；3—传动轴(半轴)；5—伸缩型球笼式万向节

3. 三枢轴-球面滚轮式等速万向节

三枢轴-球面滚轮式等速万向节的结构如图 7-18 所示。与输入轴 9 制成一体的 3 个枢轴 10 上松套着外表面为球面的滚子轴承 7。三个枢轴位于同一平面内，且成 120°，它们的轴线相交于输入轴上的一点，并且垂直于输入轴。与输出轴制成一体的外表面为圆柱形的叉形元件 5 上加工出 3 条等距离的轴向槽形轨道 11。槽形轨道平行于输出轴，3 个球面滚子轴承分别装入 3 个槽形轨道中。3 个球面滚子轴承可沿槽形轨道滑动。

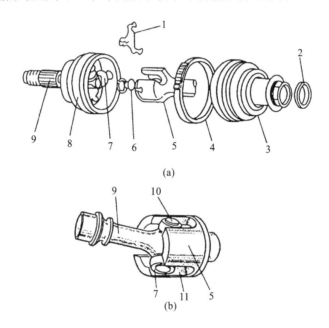

图 7-18 三枢轴-球面滚轮式等速万向节

(a) 零件的分解图；(b) 主、从动轴的装配图

1—锁定三脚架；2—橡胶紧固件；3—保护罩；4—保护罩卡；5—叉形元件；6—止推块；
7—球面滚子轴承；8—外座圈；9—输入轴；10—枢轴；11—轴向槽形轨道

当输出轴与输入轴交角为 0°时，因三枢轴的自动定心作用，能使两轴轴线重合；当输出轴与输入轴有交角时，由于球面滚子轴承既可沿枢轴轴线移动，又可沿槽形轨道滑动，这样可以保证球面滚子的传力点始终位于两轴交角的平分面上，因此是等速传动。

三枢轴-球面滚轮式万向节有以下两种结构形式：

（1）固定型万向节（Glaenzer Exterior），简称 GE；
（2）伸缩型万向节（Glaenzer Interior），简称 GI。

这两种万向节仅在结构细节上有所区别。例如，在 GE 型万向节中有止动夹和旋钮来限止伸缩量，而在 GI 型万向节中的球面滚轮中有滚子轴承。

GI 型三枢轴-球面滚轮式等速万向节的两轴交角一般为 25°，伸缩量为 40～60 mm。

五、挠性万向节的构造和工作原理

挠性万向节依靠其中弹性件的弹性变形来保证在相交两轴间传动时不发生机械干涉。

弹性件可以是橡胶盘、橡胶金属套筒、六角形橡胶圈或其他结构形式。由于弹性件的弹性变形量有限，故挠性万向节一般用于两轴交角不大（3°～5°）和只有微量轴向位移的万向传动场合。例如，常用来连接固定安装在车架上的两个部件（如发动机与变速器或变速器与分动器），以消除制造安装误差和车架变形对传动的影响。此外，它还具有能吸收传动系统中的冲击载荷和衰减扭转振动、结构简单、无需润滑等优点。

图 7-19 所示的为国产某重型自卸汽车上用来连接发动机输出轴与液力机械变速器输入轴的挠性万向节。它主要由借螺栓固定在发动机飞轮上的大圆盘 2、与花键毂铆接在一起的连接圆盘 4、连接二者的四副弹性连接件 3 以及定心用的中心轴 1 组成。

弹性连接件的结构如图 7-20 所示。两个橡胶块 1 装在两半对合的外壳 3 中，每个橡胶块中各有一衬套 2。每副弹性连接件中的一个橡胶块用螺栓固定在大圆盘上，而另一橡胶块用螺栓固定于连接圆盘上（见图 7-19）。动力经大圆盘输入，通过衬套传给每一副弹性连接件中的一个橡胶块，再经外壳、另一橡胶块和衬套传给连接圆盘，最后经花键毂和花键轴输出。

对于径向刚度较小的挠性万向节，主、从动件之间应有定中心装置，以免转速升高时由于轴线偏离加大而产生振动和噪声。如图 7-19 所示的结构，就是依靠大圆盘上中心轴 1 的球面与花键毂的内圆面配合来定心的。

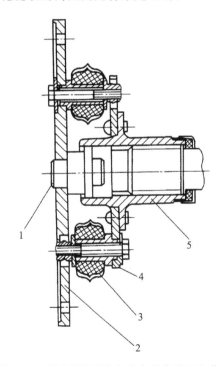

图 7-19 国产某重型自卸汽车的挠性万向节
1—中心轴；2—大圆盘；3—弹性连接件；4—连接圆盘；5—花键毂

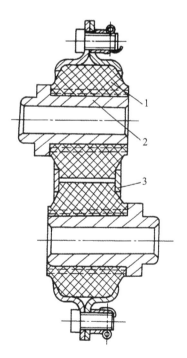

图 7-20 弹性连接件
1—橡胶块；2—衬套；3—外壳

驱动桥的功用、类型和组成

 提示

驱动桥有非断开式驱动桥和断开式驱动桥,这两种类型驱动桥的功用、类型和组成都要掌握。

 考核要点

(1) 驱动桥的功用。
(2) 非断开式驱动桥和断开式驱动桥的类型和组成。
上述内容可转变的考核题型有单项选择题、判断题、综合题中的综述题、填图题。

 知识点

一、驱动桥的功用

汽车动力通常经由发动机、离合器、变速器、传动轴、主减速器和差速器、半轴传到车轮。有些轿车动力从变速器直接传到主减速器和差速器、等速万向节,然后由传动轴到驱动车轮,驱动车轮旋转,汽车得以行驶。主减速器、差速器、半轴、万向节、驱动车轮和桥壳等组成汽车驱动桥。可见,驱动桥为汽车传动系中最末端总成。某轿车传动系示意图如图8-1所示。

驱动桥的功用如下:
(1) 将传动装置传来的发动机转矩通过主减速器、差速器、半轴等传到驱动车轮,使输入转矩增大、转速降低;
(2) 通过主减速器圆锥齿轮副或双曲面齿轮副改变转矩的传递方向,将动力(发动机横

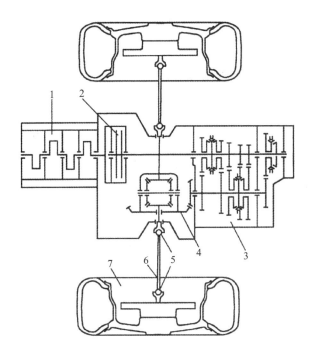

图 8-1　某轿车传动系统示意图

1—发动机；2—离合器；3—变速器；4—主传动器与差速器；5—等速万向节；6—传动轴；7—驱动车轮

置的除外)传给差速器；

(3) 通过差速器实现两侧车轮差速作用,保证内、外侧车轮以不同转速转向,以满足两侧驱动轮差速的需要；

(4) 半轴用于将差速器传来的动力传给驱动轮；

(5) 通过驱动桥壳体和车轮实现承载及传力作用。驱动桥壳既是传动系统的组成部分,同时也是行驶系统的组成部分,其功用是安装并保护主减速器、差速器和半轴,以及安装悬架或轮毂。它还要与从动桥一起支承汽车悬架以上各部分质量,承受驱动轮传来的反力和力矩,并在驱动轮与悬架之间传力。

驱动桥的结构形式与驱动车轮的悬架结构密切相关。当车轮采用非独立悬架时(如在绝大多数载货汽车和少量轿车上),采用的是非断开式驱动桥。整个驱动桥通过弹性悬架与车架连接,由于半轴套管与主减速器壳是刚性连成一体的,两侧半轴和驱动车轮不可能在横向平面内做相对运动,故非断开式驱动桥也称为整体式驱动桥,如图 8-2、图 8-3 所示。图 8-2 所示的为某高级轿车的非断开式后驱动桥。图 8-3 为非断开式驱动桥结构传动示意图。

二、驱动桥的类型和组成

驱动桥主要由主减速器、差速器、半轴和驱动桥壳等组成。它的作用是将万向传动装置传来的动力折过 90°,改变力的传递方向,并由主减速器降低转速,增大转矩后,经差速器分配给左右半轴和驱动轮。驱动桥的结构形式按工作特性分,可以归并为两大类,即非断开式

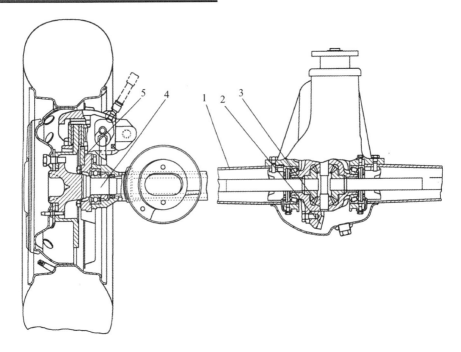

图 8-2 某高级轿车的非断开式后驱动桥
1—驱动桥壳；2—主减速器；3—差速器；4—半轴；5—轮毂

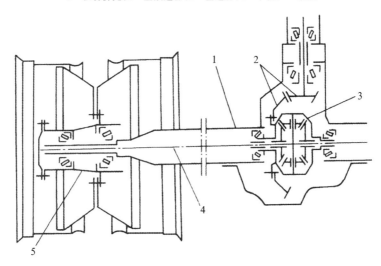

图 8-3 非断开式驱动桥结构传动示意图
1—驱动桥壳；2—主减速器；3—差速器；4—半轴；5—轮毂

驱动桥和断开式驱动桥。当驱动车轮采用非独立悬架时，应该选用非断开式驱动桥；当驱动车轮采用独立悬架时，应该选用断开式驱动桥。因此，前者又称为非独立悬架驱动桥；后者称为独立悬架驱动桥。独立悬架驱动桥结构较复杂，但可以大大提高汽车在不平路面上的行驶平顺性。

从图 8-2 和图 8-3 可以看出，非断开式驱动桥由驱动桥壳 1、主减速器 2、差速器 3、半轴 4 和轮毂 5 组成。从变速器或分动器经万向传动装置输入驱动桥的转矩首先传到主减速器 2，在此增大转矩并相应降低转速后,经差速器 3 分给左右两半轴 4,最后通过半轴外端凸缘盘传至驱动轮的轮毂 5。驱动桥壳 1 由主减速器壳和半轴套管组成。轮毂 5 借助轴承支承在半轴套管上。

为了提高汽车行驶平顺性和通过性,大部分轿车和越野车全部或部分驱动轮采用独立悬架,即将两侧的驱动轮分别用弹性悬架与车架相联系,两轮可彼此独立地相对于车架上下跳动。与此相应,主减速器壳固定在车架上。驱动桥壳应制成分段,并通过铰链连接,这种驱动桥称为断开式驱动桥,如图 8-4~图 8-6 所示。

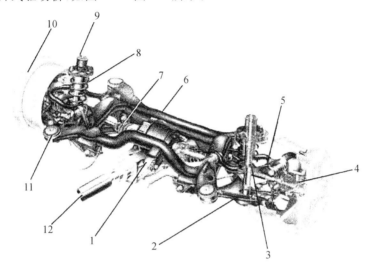

图 8-4 轿车断开式后驱动桥

1—主减速器及差速器;2—下横摆臂;3—减振器;4—车轮轴承;5—上横摆臂;6—副车架;
7—半轴;8—弹性元件;9—弹簧腿;10—车轮;11—橡胶铰链;12—传动轴

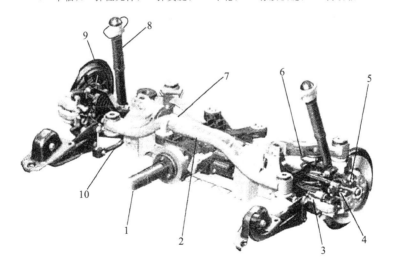

图 8-5 轿车断开式驱动桥

1—传动轴;2—主减速器及差速器;3—车轮支架;4—半轴;
5—车轮轴承;6—螺旋弹簧;7—副车架;8—减振器;9—驱动车轮;10—稳定杆

从图 8-4 可以看出,轿车为四轮驱动车型,该断开式驱动桥为采用双横臂式独立悬架的后驱动桥。由于采用双横臂独立悬架和螺旋弹簧,左右两个车轮相对于主减速器可以有相对独立运动。驱动桥带有焊接式的管形副车架,双横臂固定在副车架上起着车轮导向作用,差速器也固定在副车架上,通过采用金属橡胶支架来实现与车身连接的降噪。图 8-5 所示的为轿车的断开式后驱动桥。图 8-6 所示的为轿车的断开式驱动桥。

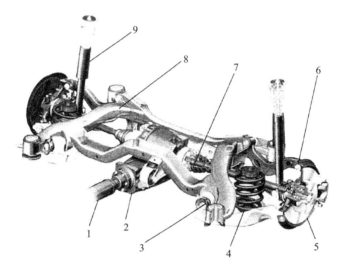

图 8-6　轿车的断开式驱动桥

1—传动轴;2—主减速器及差速器;3—前束调节;4—弹簧;5—车轮;6—车轮外倾调节;7—半轴;8—副车架;9—减振器

断开式驱动桥的工作特点如图 8-7 所示。主减速器 1 固定在车架或车身上,两侧车轮 5 分别通过各自的弹性元件 3、减振器 4 和摆臂 6 组成的弹性悬架与车架相连。为适应车轮绕摆臂轴 7 上下跳动的需要,差速器与轮毂之间的半轴 2 两端用万向节连接。

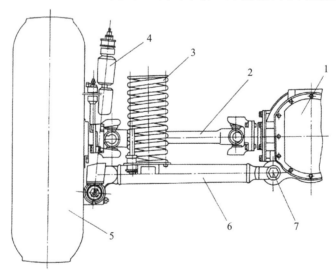

图 8-7　断开式驱动桥的工作特点

1—主减速器;2—半轴;3—弹性元件;4—减振器;5—车轮;6—摆臂;7—摆臂轴

驱动桥可以布置在汽车前轴,也可以布置在汽车后轴,或者前后轴同时布置驱动桥。当驱动桥与发动机在汽车前后布置形式相互关联时,分别形成发动机前置前轴驱动、发动机前置后轴驱动和发动机后置后轴驱动等几种布置形式。发动机前置前轴驱动形式,传动路线短,无万向传动轴,可使车身地板降低,布置方便,广泛应用于轿车车型上。发动机前置后轴驱动形式,有效提高承载能力和车辆驱动爬坡能力,广泛应用于各种类型载货汽车上。发动机后置后轴驱动形式,广泛应用于大型客车上,有效降低车内振动和噪声,扩大了乘员乘坐空间。

图 8-8 所示的为轿车的驱动桥,采用的是发动机前置、前轮驱动形式。它由变速驱动桥壳、主传动器与差速器 4、等速万向节 5、半轴(传动轴)6 和前驱动轮 7 等组成。传动装置输入驱动桥的转矩首先传至主减速器,在此增大转矩并相应降低转速,从变速器 3 经传并改变了输入转矩的传递方向(呈 90°),经差速器分配给左右内半轴,再通过等速万向节、传动轴至外半轴,经车轮轮毂,驱动左右车轮行驶。

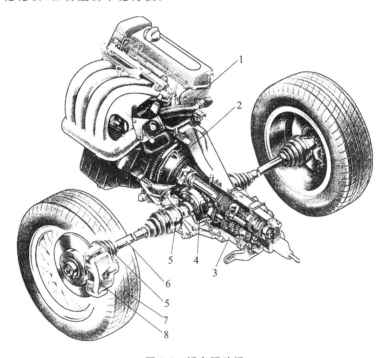

图 8-8 轿车驱动桥

1—发动机;2—离合器;3—变速器;4—主传动器与差速器;5—等速万向节;6—半轴;7—前驱动轮;8—盘式制动器(前轮)

9 主减速器和差速器的组成、构造、功用及其工作原理

 提示

由于常用的主减速器和差速器有多种类型,所以这些类型的主减速器和差速器的组成、构造、功用及其工作原理都要掌握。

 考核要点

(1) 主减速器的功用。
(2) 单级主减速器的组成、构造及其工作原理。
(3) 双级主减速器的构造。
(4) 差速器的功用。
(5) 普通齿轮式差速器的组成、构造及其工作原理。
(6) 强制锁止式防滑差速器的组成、构造及其工作原理。
(7) 摩擦片式自锁差速器的组成、构造及其工作原理。
(8) 托森式差速器的组成、构造及其工作原理。
上述内容可转变的考核题型有单项选择题、判断题、综合题中的综述题、填图题。

 知识点

一、主减速器的组成、构造、功用及其工作原理

1. 主减速器的作用

主减速器的作用是将输入的转矩增大并相应降低转速,以及当发动机纵置时可改变旋

转方向,然后传递给驱动轮。

2. 主减速器的结构形式

主减速器按参加减速传动的齿轮副数目分,有单级式主减速器和双级式主减速器;按传动比挡数分,有单速式主减速器和双速式主减速器,前者的传动比是固定的,后者有两个传动比供驾驶员选择,以适应不同行驶条件的需要;按齿轮副结构形式分,有圆柱齿轮式、圆锥齿轮式和准双曲面齿轮式,如图 9-1 所示。

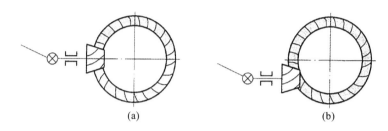

图 9-1 齿轮副结构形式
(a)圆锥齿轮式;(b)准双曲面齿轮式

3. 单级主减速器

目前,轿车和一般轻中型货车均采用单级主减速器,即可满足汽车动力性的要求。它具有结构简单、体积小、质量轻和传动效率高等优点。

图 9-2 所示的为单级主减速器。其减速传动机构为一对准双曲面齿轮。主动锥齿轮 18 有 6 个齿,从动锥齿轮 7 有 38 个齿。为了使主动和从动锥齿轮之间啮合传动时冲击小、噪声低,而且轮齿沿其长度方向磨损均匀,必须有正确的相对位置。为此,单级主减速器在结构上一方面要使主动和从动锥齿轮有足够的支承刚度,使其在传动过程中不至于发生较大变形而影响正常啮合;另一方面,应有必要的啮合调整装置。

为保证主动锥齿轮有足够的支承刚度,主动锥齿轮与轴制成一体。前端支承在互相贴近而小端相向的两个圆锥滚子轴承 13 和 17 上,后端支承在圆柱滚子轴承 19 上,形成跨置式支承。环状的从动锥齿轮连接在主减速器壳 4 的座孔中。从动锥齿轮的背面装有支承螺栓 6,以限制从动锥齿轮过度变形而影响齿轮的正常工作。

为了减小驱动桥的外形尺寸,主减速器中采用弧齿锥齿轮。在同样传动比的情况下,主动锥齿轮齿数可以做得少些,主减速器的结构就比较紧凑,而且运动平稳,噪声小。准双曲面齿轮广泛用于轿车或中重型汽车上。这是因为它与弧齿锥齿轮相比,不仅齿轮的工作平稳性好,弯曲强度和接触强度好,而且其主动锥齿轮的轴线相对从动锥齿轮的可以偏移。在保证一定的离地间隙的情况下,主动锥齿轮的轴线向下偏移,可降低主动锥齿轮和传动轴的位置,而使车身和整个汽车的重心降低,提高了汽车的行驶稳定性。

准双曲面齿轮工作时,由于齿面间的相对滑移量大,且齿面间的压力也大,齿面油膜易被破坏。为了减少摩擦,提高效率,必须使用专门级别的齿轮油,绝不允许用普通齿轮油代替,否则会使齿面迅速擦伤和磨损,大大降低主减速器的使用寿命。

主减速器壳中所储存的齿轮油,靠从动锥齿轮转动时甩到各齿轮、轴承和轴上进行润滑。为了保证主动锥齿轮前端的圆锥滚子轴承 13 和 17 得到可靠的润滑,在主减速器壳体中

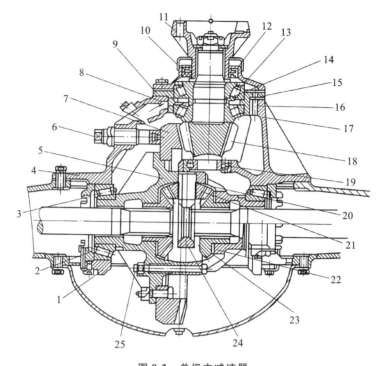

图 9-2 单级主减速器

1—差速器轴承盖；2—轴承调整螺母；3、13、17—圆锥滚子轴承；4—主减速器壳；5—差速器壳；6—支承螺栓；7—从动锥齿轮；8—进油道；9、14—调整垫片；10—防尘套；11—叉形凸缘；12—油封；15—轴承座；16—回油道；18—主动锥齿轮；19—圆柱滚子轴承；20—行星齿轮球面垫片；21—行星齿轮；22—半轴齿轮推力垫片；23—半轴齿轮；24—行星齿轮十字轴；25—螺栓

铸有进油道 8 和回油道 16。齿轮转动时，飞溅起的润滑油从进油道通过轴承座 15 的孔进入两圆锥滚子轴承小端之间，在离心力的作用下，润滑油从小端流向大端。流出圆锥滚子轴承大端的润滑油经回油道流回主减速器内。在主减速器壳体上装有通气塞，防止壳内的气压过高而使润滑油渗漏。

图 9-3 所示的为某轿车单级主减速器。因采用发动机纵向前置、前轮驱动，整个传动系统都集中布置在汽车的前部，主减速器装于变速器壳体内，没有专用的主减速器壳体。变速器的输出轴即为主减速器的主动轴，动力由变速器直接传递给主减速器。主减速器由一对双曲面主动锥齿轮 4 和差速器 2 等组成。主动锥齿轮与变速器输出轴制成一体，用双列圆锥滚子轴承 6 和圆柱滚子轴承 8 支承在变速器壳体内。环状的从动锥齿轮 9 靠凸缘定位，并用螺钉和差速器壳连接，差速器壳由一对圆锥滚子轴承 12 支承在变速器壳体上。

4．双级主减速器

当汽车主减速器需要较大的传动比时，若仍采用单级主减速器，由于主锥齿轮受强度、最小齿数的限制，其尺寸不能太小，相应的从动锥齿轮尺寸将增大，这不仅使从动锥齿轮刚度降低，而且会使主减速器壳及驱动桥外形轮廓尺寸增大，难以保证足够的离地间隙，因此需要采用双级主减速器。

图 9-4 所示的为某货车双级主减速器，第一级传动为一对弧齿锥齿轮 11 和 16，第二级为

一对斜齿圆柱齿轮。主减速器的传动比等于两级齿轮传动比的乘积。

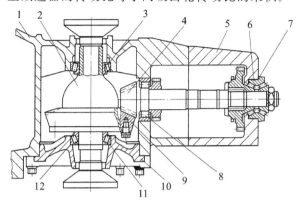

图 9-3　某轿车单级主减速器

1—变速器前壳体；2—差速器；3、7、11—调整垫片；4—主动锥齿轮；5—变速器后壳体；6—双列圆锥滚子轴承；
8—圆柱滚子轴承；9—从动锥齿轮；10—主减速器盖；12—圆锥滚子轴承

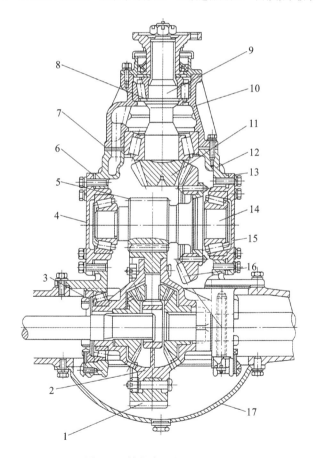

图 9-4　某货车双级主减速器

1—第二级从动圆柱齿轮；2—差速器壳 3—调整螺母；4、15—轴承盖；5—第二级主动圆柱齿轮；
11—第一级主动锥齿轮；6、7、8、13—调整垫片；9—第一级主动齿轮轴；10—轴承座；11—第一级主动锥齿轮；
12—主减速器壳；14—中间轴；16—第一级从动锥齿轮；17—后盖

主动锥齿轮与主动齿轮轴9制成一体,用两个圆锥滚子轴承支承在轴承座10的座孔中,因主动锥齿轮悬伸在两轴承之后,故称为悬臂式支承。

从动锥齿轮16用铆钉铆接在中间轴14的凸缘上。第二级传动的主动圆柱齿轮5与中间轴制成一体,用两个圆锥滚子轴承支承在轴承盖4和15的座孔中,轴承盖用螺钉与主减速器壳12固定连接。从动圆柱齿轮1夹在左右两半差速器壳之间,并用螺栓将它们固定在一起。

二、差速器的组成、构造、功用及其工作原理

1. 差速器的功用

差速器的功用是将主减速器的动力传给左、右两半轴,并在必要时允许两半轴以不同的转速旋转,以满足两车轮差速的要求。

汽车转向时,内外两侧车轮在同一时间内转动的距离显然不相等,外侧车轮移动的距离要大于内侧车轮移动的距离。对于驱动轮来说,驱动桥上的两侧车轮若用一根刚性轴连接,两侧车轮只能以相同的速度转动,转向时,内侧车轮会边滚边滑转,外侧车轮会边滚边滑移,因而导致车轮与地面之间不能作纯滚动。同样,即使汽车直线行驶,由于路面不平或者诸多原因造成的车轮半径不相等,都会使两侧车轮移动的距离不相等,从而造成上述滑移和滑转的现象。

车轮相对于地面的滑移和滑转,不仅会加速车轮的磨损,而且还会增加汽车的功率消耗和燃油消耗,并导致转向困难、制动性能恶化和行驶稳定性差等。为了消除以上的不良现象,保证车轮与地面作纯滚动,必须将车轮的驱动轴分成两段,即左右各一根轴(半轴),并在其间装有差速器。此外,多桥驱动的汽车各驱动桥之间也同样存在上述驱动轮与地面之间的相对滑移和滑转,为此,有些汽车在驱动桥之间也装有差速器。

2. 差速器类型

差速器按用途分为轮间差速器和轴间差速器,按其工作特性均可分为普通差速器和防滑差速器。

3. 普通齿轮式差速器

普通齿轮式差速器有锥齿轮式和圆柱齿轮式两种,锥齿轮差速器结构简单、紧凑,工作平稳,应用最为广泛。

1) 基本组成

如图9-5所示,它由行星锥齿轮4、十字形行星锥齿轮轴8、两个半轴锥齿轮3、两个差速器壳1和5及垫片2和7组成。

主减速器的从动锥齿轮夹在两个差速器壳1和5之间,用螺栓将它们固定在一起,十字轴的两个轴颈嵌在两个差速器壳端面半圆槽所形成的孔中,行星锥齿轮分别套在4个轴颈上,两个半轴锥齿轮分别与行星锥齿轮啮合,以其轴颈支承在差速器壳中,并以花键孔与半轴连接。十字轴的四个装配孔是在左、右两半轴装合后加工而成的,装配时不能周向错位。

差速器靠主减速器壳内的润滑油来润滑,因此差速器上开有供润滑油进出的窗孔。为

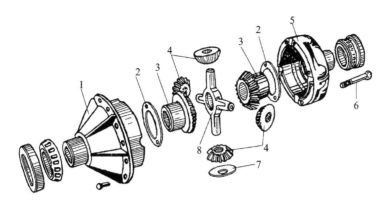

图 9-5　行星锥齿轮差速器零件分解图

1、5—差速器壳；2—半轴锥齿轮垫片；3—半轴锥齿轮；4—行星锥齿轮；
6—螺栓；7—行星锥齿轮垫片；8—行星锥齿轮轴（十字轴）

了保证行星锥齿轮和十字轴轴颈之间的润滑，在十字轴轴颈上铣有平面，并在行星锥齿轮的齿间钻有油孔与其中心孔相通。同样，半轴锥齿轮上也钻有油孔，与其背面相通，以加强背面与差速器壳之间的润滑。

工作时，主减速器的动力传至差速器壳，依次经十字形行星锥齿轮轴、行星锥齿轮、半轴锥齿轮垫片传给半轴，由半轴传给车轮。

在中型以下的货车或轿车上，因传递的转矩较小，故可采用两个行星齿轮，相应的行星齿轮轴是一根直轴。图9-6所示的为某轿车的差速器，差速器壳为一整体框架结构。行星齿轮轴5装入差速器壳后用止动销6定位，半轴锥齿轮2背面也制成球形，其背面的推力垫片与行星齿轮背面的推力垫片制成一个整体，称为复合式推力垫片。螺纹套3用来紧固半轴锥齿轮。

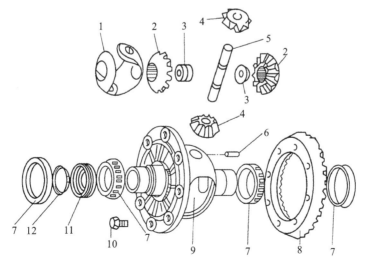

图 9-6　某轿车差速器

1—推力垫片；2—半轴锥齿轮；3—螺纹套；4—行星锥齿轮；5—行星齿轮轴；6—止动销；
7—圆锥滚子轴承；8—主减速器从动锥齿轮；9—差速器壳；10—螺栓；11—车速表齿轮；12—车速表齿轮锁紧套筒

2）工作原理

图 9-7 为差速器的运动原理图。如图 9-7(a)所示,差速器壳 3 与行星锥齿轮轴 5 连成一体,并由主减速器从动锥齿轮 6 带动一起转动,是差速器的主动件。A、B 两点分别为行星锥齿轮 4 与半轴锥齿轮 1 和 2 的啮合点。C 为行星锥齿轮的中心。A、B、C 到差速器旋转轴线的距离相等。

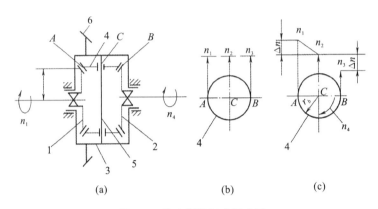

图 9-7 差速器的运动原理图

1、2—半轴锥齿轮;3—差速器壳;4—行星锥齿轮;5—行星锥齿轮轴;6—主减速器从动锥齿轮

差速器行星齿轮有三种运动状态,即公转、自转和既公转又自转。

当汽车直线行驶时,行星锥齿轮相当于一个等臂的杠杆保持平衡,即行星锥齿轮不自转,而只随行星锥齿轮轴 5 及差速器壳体一起公转,所以两半轴无转速差(见图 9-7(b)),差速器不起差速作用。

当汽车转弯行驶时,行星锥齿轮除了随差速器壳体一起公转外,还绕行星锥齿轮轴自转,设其自转的速度为 n,方向如图 9-7(c)所示,则半轴锥齿轮 1 的转速加快,半轴锥齿轮 2 的转速减慢,因 $AC=CB$,所以半轴锥齿轮 1 转速的增加值等于半轴锥齿轮 2 的转速减小值。这就是差速器的差速作用。即汽车在转弯或其他情况下行驶时,两侧车轮可以不同的转速在地面上滚动,差速器无论差速与否,两半轴锥齿轮转速之和始终等于差速器壳体转速的 2 倍,而与行星锥齿轮自转转速无关。

(1) 当任何一侧半轴锥齿轮的转速为零时,另一侧半轴锥齿轮的转速为差速器壳体转速的 2 倍。

(2) 当差速器壳转速为零时,若一侧半轴锥齿轮受其他力矩作用而转动,则另一侧半轴锥齿轮以相同的速度反转。

转矩特性:差速器起差速作用的同时,还要分配转矩给左右两侧的驱动轮。图 9-8 为行星锥齿轮差速器转矩分配示意图。

当行星锥齿轮不自转时,其相当于一个等臂杠杆,均衡拨动两半轴锥齿轮转动,所以差速器将转矩平均分配给两半轴锥齿轮。

当行星锥齿轮自转时,两边轮速不同。转得慢的车轮分配到的转矩大于转得快的车轮分配到的转矩,差值为差速器内部摩擦力矩。因差速器内部摩擦力矩较小,可以忽略不计。

无论差速器工作与否,对于普通行星齿轮,差速器具有转矩等量分配的特性。

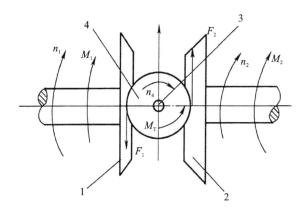

图 9-8 行星锥齿轮差速器转矩分配示意图
1、2—半轴锥齿轮;3—行星锥齿轮轴;4—行星锥齿轮

4. 防滑差速器

当汽车的一个驱动轮处于泥泞的路面因附着力小而打滑时,即使另一个车轮处于附着力大的路面上未滑转,此时附着力小的路面只能对驱动轮作用一个很小的反作用力矩。由于差速器等量分配转矩特性,附着力大的驱动轮也只能分配同样小的转矩,以至于总的驱动力不足以克服行驶阻力,因此汽车便陷入泥泞的路中不能行驶。

为了提高汽车在坏路面上的通过能力,一些越野汽车、高速小客车和载重汽车安装了防滑差速器。

汽车上常用的防滑差速器有人工强制锁止式和自锁式两大类。前者通过驾驶员操纵差速锁,人为地将差速器暂时锁住,使差速器不起差速作用。后者是在汽车行驶过程中,根据路面情况自动改变驱动轮间的转矩分配。自锁式差速器又有摩擦片式、滑块凸轮式和托森式等多种结构。

1) 强制锁止式差速器

强制锁止式差速器就是在普通行星锥齿轮差速器上设计了差速锁。当汽车在好路面上行驶不需要锁止差速器时,此时为普通行星锥齿轮差速器。

当汽车通过坏路面需要锁止时,通过驾驶员的操纵,压缩空气由进气管进入气动活塞缸,拨动滑动接合套与固定接合套接合,将左半轴与差速器壳连成一个整体,则左右两半轴被连锁成一体转动,即差速器被锁止,不起差速作用。这样,转矩可全部分配给好路面上的车轮。

当需要解除差速器的锁止时,通过操纵结构,放掉气动活塞缸内压缩空气,滑动接合套复位,差速器恢复差速作用。

强制锁止式差速器结构简单,易于制造,但操纵不便,一般要在停车时进行。

2) 摩擦片式自锁差速器

图 9-9 所示的为摩擦片式自锁差速器。它是在普通行星锥齿轮差速器的基础上发展而成的。两半轴锥齿轮背面与差速器壳 1 之间各安装了一套摩擦式离合器,用以增大差速器的内部摩擦阻力矩。摩擦片式差速器由推力压盘 3 及主、从动摩擦片 2 组成。推力压盘内花键与半轴相连,而其外花键与从动摩擦片的内花键连接,主动摩擦片的外花键与差速器壳的内

花键连接。主、从动摩擦片及推力压盘均可做微小的轴向移动。两根互相垂直的行星锥齿轮轴 4 组成十字轴,其轴颈的端部均切有凸 V 形斜面 6,差速器壳上的配合孔较大,相应地也加工有凹 V 形斜面。两根行星锥齿轮轴是反向安装的。

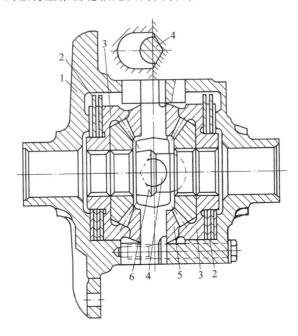

图 9-9 摩擦片式自锁差速器
1—差速器壳;2—主、从动摩擦片;3—推力压盘;4—行星锥齿轮轴;5—行星锥齿轮;6—V 形斜面

当汽车直线行驶,两半轴无转速差时,转矩平均分配给两半轴。由于差速器壳通过 V 形斜面驱动行星锥齿轮轴,在传递转矩时,斜面上产生的平行于差速器轴线的轴向分力迫使两根行星锥齿轮轴分别向左、右方向略微移动,通过行星锥齿轮推动推力压盘压紧摩擦片。此时转矩经两条路线传给半轴:一路经行星锥齿轮轴,行星锥齿轮和半轴锥齿轮将大部分转矩传给半轴;另一路则由差速器壳、主从动摩擦片、推力压盘传给半轴。

当一侧车轮在坏路面上滑转或转弯时,差速器起差速作用,使两半轴转速不相等,即一侧半轴的转速高于差速器壳的转速,而另一侧低于差速器壳的转速。这样,由于转速差及轴向力的存在,主、从动摩擦片间将产生摩擦力矩,且经从动摩擦片及推力压盘传给两半轴的摩擦力矩方向相反:与快转半轴的转向相反,而与慢转半轴的转向相同,因而使得慢转半轴所分配到的转矩大于快转半轴所分配到的转矩。摩擦作用越强,两半轴的转矩差越大。摩擦片式自锁差速器结构简单,工作平稳,多用于轿车或轻型货车。

3) 托森式差速器

图 9-10 所示的为全轮驱动的轿车,其前、后驱动桥之间采用的是托森式差速器。"托森"表示"转矩—灵活",它是一种轴间自锁差速器,装在变速器后端。转矩由变速器输出轴传给托森式差速器,再由差速器直接分配给前驱动桥和后驱动桥。

当前、后轮驱动轴无转速差时,蜗轮绕自身轴自转。各蜗轮、蜗杆与差速器壳一体等速转动,即差速器不起差速作用。

9 主减速器和差速器的组成、构造、功用及其工作原理

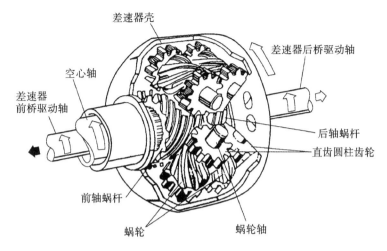

图 9-10 托森式差速器

当前、后驱动桥需要有转速差时,如汽车转弯时,因前轮转弯半径大,故要求差速器起差速作用。此时蜗轮除公转传递动力外,还要自转。由于直齿圆柱齿轮的相互啮合,使前后蜗轮的自转方向相反从而使前轴蜗杆轴的转速增加,后轴蜗杆轴的转速减小,实现了差速。

托森式差速器起差速作用的同时,由于蜗杆与蜗轮啮合副之间的摩擦作用,转速较低的后驱动桥比转速较高的前驱动桥分配到的转矩大,若后驱动桥分配到的转矩大到一定程度而出现滑转时,则后桥转速升高一点,转矩又立刻重新分配给前桥一些,所以驱动力的分配可根据转弯的要求自动调节,使汽车转弯具有良好的驾驶性能。

同理,当前、后驱动桥中某一桥因附着力而出现滑转时,差速器起作用,将转矩大部分分配给附着力好的另一驱动桥(最大可达 3.5 倍),从而提高了汽车通过能力。

10

汽车行驶系统功用和组成

提示

汽车行驶系统由于有不同的类型,其组成也有所不同。

考核要点

汽车行驶系统的功用和组成的内容可转变的考核题型有单项选择题、判断题、综合题中的综述题。

知识点

汽车行驶系统的功用是支持全车并保证车辆正常行驶。其基本功用如下:

(1) 接受由发动机经传动系统传来的转矩,并通过驱动轮与路面间的附着作用,产生路面对驱动轮的驱动力,以保证汽车正常行驶;

(2) 支承汽车的总质量,传递并承受路面作用于车轮上各向反力及其所形成的力矩;

(3) 尽可能缓和不平路面对车身造成的冲击,并衰减其振动,保证汽车行驶平顺性;

(4) 与转向系统协调配合工作,实现汽车行驶方向的正确控制,以保证汽车操纵稳定性。

汽车行驶系统的组成和结构形式,在很大限度上取决于汽车经常行驶路面的性质。绝大多数汽车行驶在比较坚实的道路上,其行驶系统中直接与路面接触的部件是车轮,称这种行驶系统为轮式行驶系统,这样的汽车便是轮式汽车。

轮式行驶系统一般由车架、车桥、车轮和悬架等四部分组成,其系统简图如图10-1所示。前、后车轮分别安装在前后车桥上,车桥又通过前、后悬架与车架相连接。车架是整个汽车的装配基体,这样,行驶系统就结合成一个整体,构成汽车的装配基础。车架1是全车的装配基体,它将汽车的各相关总成连接成一整体,车轮5和4分别支承着从动桥6和驱动桥3。

为减少车辆在不平路面上行驶时车身所受到的冲击和振动,车桥又通过前悬架 7 和后悬架 2 与车架连接。

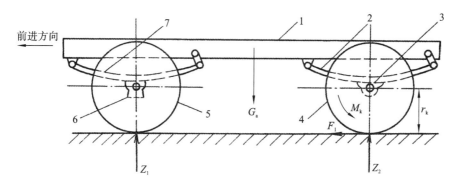

图 10-1 轮式汽车行驶系统的组成及部分受力情况

1—车架;2—后悬架;3—驱动桥;4—后轮;5—前轮;6—从动桥;7—前悬架

11

车架和车桥的功用、组成和类型

 提示

车架和车桥的类型较多,可以从组成、结构和用途上进行分类。

 考核要点

(1) 车架的功用。
(2) 边梁式车架、中梁式车架、综合式车架、无梁式车架的类型和组成。
(3) 车桥的功用。
(4) 转向驱动桥的类型和组成。
(5) 转向桥、支持桥的类型和组成。
上述内容可转变的考核题型有单项选择题、判断题、综合题中的综述题、填图题。

 知识点

一、车架的功用

汽车车架是连接于各车桥,形似桥梁的一种结构,是整个汽车的基础。其功用是支承连接汽车的各零部件和总成,并使它们保持正确的相对位置;承受来自车上和地面上的各种静、动载荷。

二、车架的类型和组成

汽车的车架按结构形式可分为边梁式、中梁式和综合式三种类型。汽车绝大多数的车架为独立的,有些客车和轿车车身同时具有车架的作用,即承载式车身(也称为无梁式车架)。

1. 边梁式车架

如图 11-1 所示,边梁式车架由左、右两根纵梁和若干根横梁组成,并通过铆钉或焊接将纵梁和横梁连接成坚固的刚性构架。纵梁用低碳合金钢板冲压而成,其断面形状根据不同需要有较多变化,常见的纵梁断面多为槽形,也有做成工字形或箱形断面。横梁不仅用来连接左、右两个纵梁,使之成为一个完整的框架构件,保证车架的扭转刚度和承受纵向载荷,而且还可支承发动机、散热器等主要部件。通常有 5～8 根横梁。

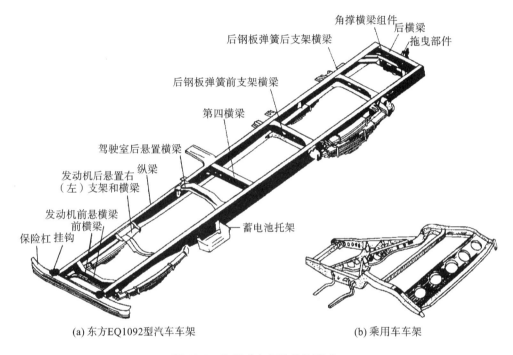

(a) 东方EQ1092型汽车车架　　　(b) 乘用车车架

图 11-1　边梁式车架的结构形式

边梁式车架根据汽车总体结构布置的需要,可制成前宽后窄、前窄后宽、前后等宽等形式,以提高车架的扭转刚度。载重汽车大多采用前后等宽式,这是为了简化制造工艺,避免纵梁宽度转折处(波纹区)应力集中,提高车架的使用寿命。

2. 中梁式车架

中梁式车架又称脊梁式车架,如图 11-2 所示,它是由一根贯穿汽车纵向的中央纵梁和若干根横向悬伸托架构成。中梁式车架的结构特点是中梁的断面可做成管形或箱形。采用中梁式车架有较大的扭转刚度并使车轮有较大的运动空间,便于采用独立悬架。车架较轻,减小了整车质量,重心也较低,行驶稳定性好。车架的强度和刚度较大,不易产生变形。传动轴在中梁内穿过并被脊梁密封,可防尘。主减速器壳通常固定在中梁的尾端,形成断开式后驱动桥。中梁上的悬伸托架用以支承汽车车身和安装其他机件。

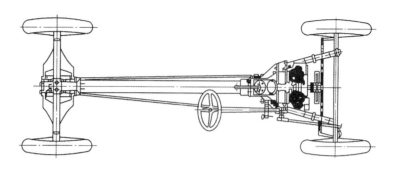

图 11-2 中梁式车架

3. 综合式车架

图 11-3 所示的为综合式车架,综合式车架是由边梁式和中梁式车架结合而成的。车架前段或后段近似边梁结构,便于分别安装发动机或驱动桥。传动轴从中梁中间穿过。

图 11-3 综合式车架

4. 无梁式车架

如图 11-4 所示,无梁式车架是以车身兼代车架,所有的总成和零部件都安装在车身上,作用于车身的各种力和力矩均由车身承受。所以这种车身也称为承载式车身。

三、车桥的功用

车桥两端安装车轮,它通过悬架与车架相连。当汽车行驶时,车轮受到的滚动阻力、驱动力、制动力和侧向力及其弯矩和扭矩均通过车桥传递给悬架和车架,同时,车架上的载荷也通过车桥传递给车轮。车桥是安装车轮、传递车架与车轮之间的各个方向的作用力及其产生的弯矩和扭矩的装置。

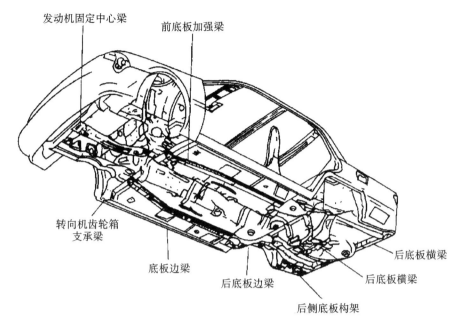

图 11-4　无梁式车架

四、车桥的类型和组成

根据悬架结构的不同，车桥分为整体式和断开式两种。当采用非独立悬架时，车桥中部是刚性的实心或空心梁，这种车桥即为整体式；断开式车桥为活动关节式结构，与独立悬架配用。

根据车桥上车轮的作用，车桥又可分为转向桥、驱动桥、转向驱动桥和支持桥四种类型。

根据车桥上车轮是驱动车轮还是从动车轮，车桥又可以分为驱动桥和从动桥，其中，转向桥和支持桥都属于从动桥。

一般汽车多以前桥为转向桥，而以后桥或中、后两桥为驱动桥。越野汽车和大部分轿车的前桥为转向驱动桥。有些前桥为转向桥的单桥驱动的三轴汽车（6×2汽车）的中桥（或后桥）为驱动桥，则后桥（或中桥）为支持桥。

驱动桥的功用、组成和类型已在其他部分阐述过，不再重复。

支持桥除不能转向外，其他功能和结构与转向桥相同。

1. 转向驱动桥

在许多轿车和全轮驱动的越野汽车上，前桥除作为转向桥外，还兼起驱动桥的作用，故称为转向驱动桥，如图 11-5 所示。

它与一般驱动桥一样，有主减速器 1 和差速器 3。但由于转向时车轮需要绕主销偏转一个角度，故与转向轮相连的半轴必须分成内外两段（内半轴 4 和外半轴 8），其间用万向节 6（一般用等角速万向节）连接，同时主销 12 也因而制成上下两段。转向节轴颈部分做成中空，以便外半轴穿过其中。

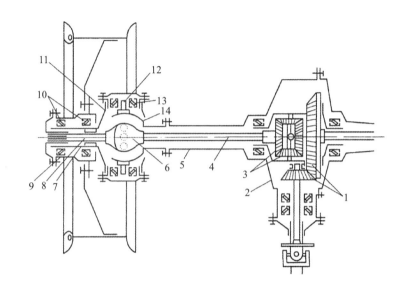

图 11-5 转向驱动桥示意图
1—主减速器；2—主减速器壳；3—差速器；4—内半轴；5—半轴套管；6—万向节；7—转向节轴颈；
8—外半轴；9—轮毂；10—轮毂轴承；11—转向节壳体；12—主销；13—主销轴承；14—球形支座

许多现代轿车采用了发动机前置、前轮驱动的布置形式，其前桥既是转向桥又是驱动桥。此种类型的转向驱动桥多与麦弗逊式独立悬架配合使用，因其前轮内侧空间较大，便于布置，具有良好的接近性，维修方便。

图 11-6 所示的为轿车前转向驱动桥总成。主减速器和差速器与变速器制成一体，图 11-6 中未画出。其动力经主减速器和差速器分别传至左右内半轴（传动轴）3、9 和左右内等角速万向节 8，并经左右球笼式外等角速万向节 2 和左右外半轴凸缘 11 传到轮毂，使驱动车轮旋转。

当转动转向盘时，通过齿轮齿条式转向器 14 和横拉杆 16 而使前轮偏转，以实现转向。

某型 6×6 汽车的前桥为与非独立悬架配合使用的转向驱动桥，其构造如图 11-7 所示。内半轴 1 与外半轴 9 通过三销轴式等角速万向节 3 连接在一起。当前轴驱动时，转矩由差速器、内半轴 1、三销轴式等角速万向节 3、外半轴 9、凸缘盘 10 传到车轮轮毂 14 上。当通过转向节臂 19 推动转向节时，转向节便可绕主销转动而使前轮偏转。

2．转向桥

转向桥是利用车桥中的转向节使车轮可以偏转一定角度以实现汽车的转向。它除承受垂直载荷外，还承受纵向力和侧向力及这些力造成的力矩。转向桥通常位于汽车前部，因此也常称为前桥。

各种车型的转向桥结构基本相同，主要由前梁、转向节组成。

汽车前桥（见图 11-8）中作为主体零件的前梁 12 是用钢材锻造的，其断面是工字形，以提高抗弯强度。转向节 5 上带有销孔的两耳通过主销与前梁的拳形部分相连，使前轮可以绕主销偏转一定角度而使汽车转向。

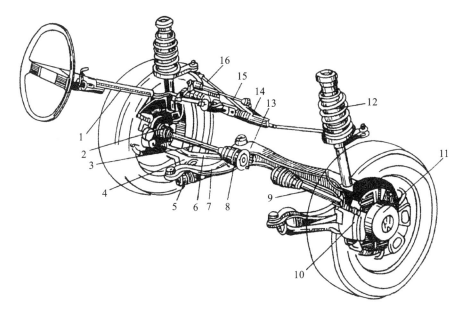

图 11-6　轿车前桥(转向驱动桥)

1—转向柱；2—外等角速万向节；3—左半轴(传动轴)；4—悬架摆臂；5—悬架臂后端的橡胶金属轴；6—横向稳定杆；7—发动机悬置；8—内等角速万向节；9—右半轴(传动轴)；10—制动钳；11—外半轴凸缘；12—减振器支柱；13—橡胶金属支架；14—齿轮齿条式转向器；15—转向减振器；16—横拉杆

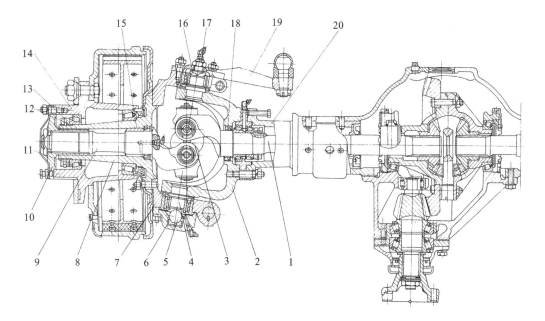

图 11-7　某型汽车转向驱动桥

1—内半轴；2—转向节支座；3—三销轴式等角速万向节；4—主销；5—钢球；6—下轴承盖；7—转向节外壳；8—转向节轴颈；9—外半轴；10—凸缘盘；11—锁紧螺母；12—锁止垫圈；13—调整螺母；14—轮毂；15—青铜衬套；16—球碗；17—推力螺钉；18—油封；19—转向节臂；20—半轴套管

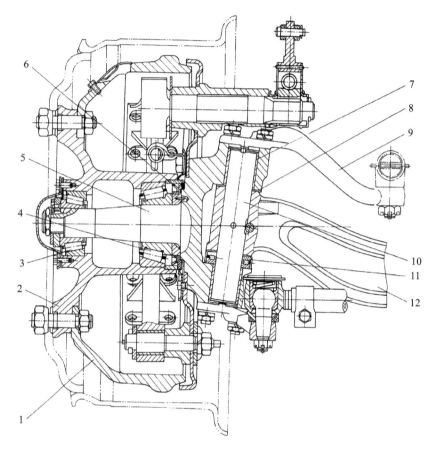

图 11-8 汽车转向桥（工字形前桥）

1—制动鼓；2—轮毂；3、4—轮毂轴承；5—转向节；6—油封；
7—衬套；8—调整垫片；9—转向节臂；10—主销；11—滚子推力轴承；12—前梁

图 11-9 所示的为汽车转向桥。前梁 2 由两端拳形部分 7 与一根无缝钢管焊接而成的。

图 11-10 为微型客车的断开式转向桥的结构图。该断开式转向桥（前桥）主要由车轮 1、减振器 2、上支点总成 3、缓冲弹簧 4、转向节 5、大球头销总成 6、横向稳定杆总成 7、左右梯形臂 8 和 13、主转向臂 11、中臂 15、左右横拉杆 10 和 12、悬臂总成 14 等组成。

该断开式转向桥与前述转向桥一样，在具有承载传力功能的同时，还应具有实现转向的功能，它与转向器配合，通过纵拉杆 16、主转向臂 11、中臂 15、左横拉杆 10、右横拉杆 12 和左右梯形臂 8、13 使车轮偏转以实现汽车转向。

3. 支持桥

从动桥相对于驱动桥而言，从动桥可分为从动转向桥和从动支持桥。

现代轿车普遍采用发动机前置、前轮驱动的布置形式。而后桥无驱动和转向功能的，称之为支持桥。图 11-11 所示的为轿车的后支持桥。从图 11-11 可以看出，支持桥的结构简单，它主要由若干零件组焊接而成的后桥焊接总成 2、橡胶-金属支承座 1、后车轮总成等组成，它起到支承和固定悬架、制动、车身等总成的相关零部件，传递汽车纵向力和横向力，推动车轮旋转。

11 车架和车桥的功用、组成和类型

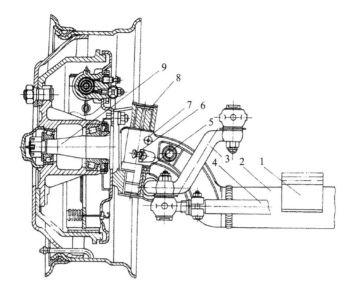

图 11-9 汽车转向桥（圆管形前桥）
1—钢板弹簧座；2—前梁；3—转向节臂；4—转向横拉杆；5—推力轴承；
6—车轮转角限位螺钉；7—前梁拳形部分；8—主销；9—转向节

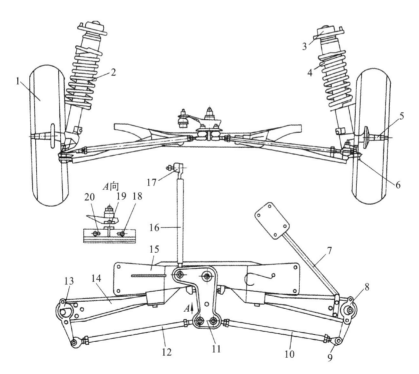

图 11-10 微型客车断开式转向桥的结构图
1—车轮；2—减振器；3—上支点总成；4—缓冲弹簧；5—转向节；6—大球头销总成；7—横向稳定杆总成；
8—左梯形臂；9—小球销头；10—左横拉杆；11—主转向臂；12—右横拉杆；13—右梯形臂；14—悬臂总成；
15—中臂；16—纵拉杆；17—纵拉杆球头；18—转向限位螺钉座；19—转向限位杆；20—转向限位螺钉

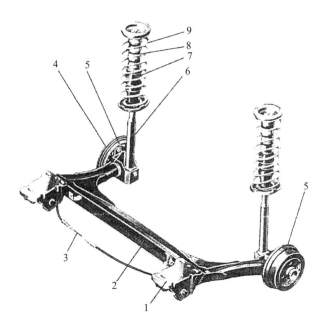

图 11-11 轿车后支持桥

1—橡胶-金属支承座；2—后桥焊接总成；3—手制动拉索；4—制动鼓；
5—后制动器；6—后减振器；7—橡胶护套；8—缓冲限位块；9—后螺旋弹簧

轿车采用前置发动机前桥驱动的布置形式时，其后支持桥可分为非断开式和断开式两种。图 11-12 为后支持桥的结构图。它是非断开式支持桥的一种特殊结构，由一用钢板制成呈 V 形断面的横梁和分别与其左、右端焊成一体并与左、右后车轮相连的左、右纵臂构成，称为复合纵臂式后支持桥。

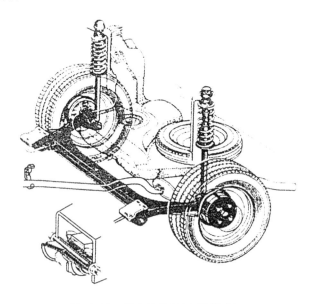

图 11-12 后支持桥（复合纵臂式）

图 11-13 所示的为某系列车型的前轮驱动形式的后支持桥。从图 11-13 可以看出,后支持桥为紧凑型的四连杆机构,每一侧由 3 个横摆臂(下横摆臂 2、横拉杆 9 和上横摆臂 4)和纵摆臂 1 组成。弹性元件为螺旋弹簧 6。通过上述布置,纵向力和横向力互相独立,由此获得最大限度的行驶稳定性和舒适性。

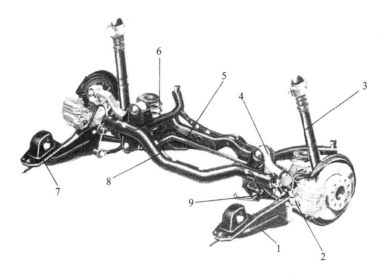

图 11-13 某系列车型的后支持桥(螺旋弹簧)

1—纵摆臂;2—下横摆臂;3—减振器;4—上横摆臂;5—稳定杆;6—螺旋弹簧;7—支架;8—副车架;9—横拉杆

图 11-14 所示的为汽车所采用的具有 U 形管梁的后支持桥。管梁中间和两侧拉杆的前端均经橡胶套与车厢相连,以得到需要的纵向弹性。

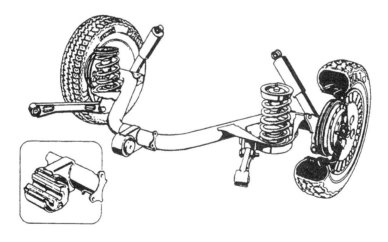

图 11-14 汽车采用的后支持桥(U 形管梁)

12 转向桥与转向驱动桥的功用

提示

本考核点只提到转向桥与转向驱动桥,不要与其他类型的车桥混淆。

考核要点

转向桥与转向驱动桥的功用方面的内容可转变的考核题型有单项选择题、判断题、综合题中的综述题。

知识点

一、转向桥的功用

转向桥通常位于汽车前部,因此也常称为前桥。转向桥的功用如下:
(1) 通过转向节的铰接装置,使车轮可以偏转一定角度以实现汽车的转向;
(2) 承受一定的载荷,即转向桥既承受垂直载荷,同时承受纵向力和侧向力以及这些力产生的力矩;
(3) 应具有正确的定位角度与合适的转向角;
(4) 在车轮转向的过程中,内部部件之间的摩擦力应该尽可能减少,使汽车转向轻便,同时保证方向的稳定性。

转向桥既可与独立悬架匹配,也可以与非独立悬架匹配。

二、转向驱动桥的功用

转向驱动桥除作为转向桥外,还兼驱动桥的作用。汽车上的转向驱动桥的基本作用是:增矩、降速,改变转矩的传递方向,即增大由传动轴或直接从变速器传来的转矩,并将转矩合理地分配给左右驱动车轮;其次,转向驱动桥还可以承受作用在路面和车架或车身之间的垂直力、纵向力、横向力以及制动力矩和反作用力矩等。

13

车轮的组成与类型

 提示

车轮轮辋的类型很多,所有类型的轮廓及代号都要掌握。

 考核要点

(1) 车轮组成。
(2) 车辆的类型。
(3) 辐板式车轮组成。
(4) 辐条式车轮组成。
(5) 轮辋的类型。

上述内容可转变的考核题型有单项选择题、判断题、综合题中的综述题、填图题。

 知识点

一、车轮组成

车轮由轮毂、轮辋以及这两元件间的连接部分(称轮辐)所组成。

二、车轮类型

根据轮辐的结构,车轮可分为辐板式和辐条式。
根据轮辋的形式,车轮可分为组装轮辋式、可调式、对开式、可反装式。
根据车轮的材质,车轮有铝合金、镁合金、钢车轮之分。

根据轮辋和辐板连接形式,车轮可分为组合式结构和整体式结构。

组合式结构将轮辋与辐板用焊接或铆接方式进行连接,整体式结构将轮辋与辐板用铸造成形或锻造成形方式进行连接。前者主要用于钢制车轮,而后者用于合金制车轮。目前轿车和货车广泛采用辐板式车轮。

三、辐板式车轮

辐板式车轮由挡圈、辐板、轮辋和气门嘴伸出孔组成,如图 13-1 所示。辐板为钢质圆板,它将轮毂和轮辋连接为一体,大多是冲压制成的,少数是与轮毂铸成一体,后者多用于重型汽车上。辐板与轮辋是铆接或焊接在一起的,对于采用无内胎轮胎的车轮,宜采用焊接法,可提高轮辋的密闭性。

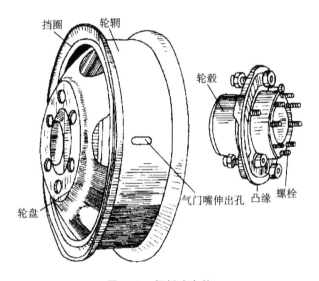

图 13-1 辐板式车轮

轿车的辐板所用材料较薄,常冲压成起伏多变的形状,以提高其刚度。

货车辐板式车轮如图 13-2 所示。辐板 4 上的孔 3 可以减轻质量,有利于制动鼓的散热,方便外部充气装置对轮胎充注气体时,接近气门嘴,同时可作为安装时的把手处。六个孔加工成锥形,以便在用螺栓把辐板固定在轮毂上时对正中心。

四、辐条式车轮

如图 13-3 所示,这种车轮的轮辐是钢丝辐条或者是用轮毂铸成一体的铸造辐条。在这种结构的车轮上,轮辋是用螺栓和特殊形状的衬块固定在辐条上,为了使轮辋与辐条对中好,在轮辋和辐条上都加工出配合锥面。

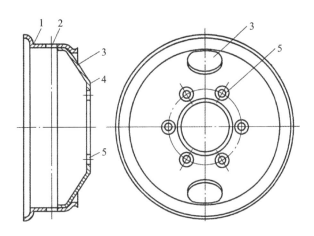

图 13-2 货车辐板式车轮
1—轮辋；2—气门嘴伸出口；3—辐板孔；4—辐板；5—螺栓孔

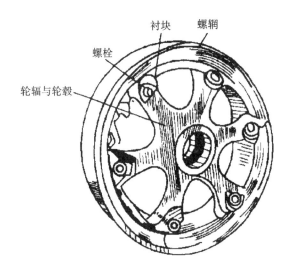

图 13-3 辐条式车轮

五、轮辋的类型

轮辋按其断面结构形式，可分为深槽式轮辋、平底式轮辋和对开式轮辋。图 13-4 为轮辋轮廓类型及代号。

其中，深槽轮辋的代号为 DC，这种轮辋多用于小轿车及越野车上。因易于装卸，其轮辋一般都采用钢板冲压成形的整体结构。

平底宽轮辋的代号为 WFB，主要用于中重型载货汽车，以及自卸汽车和大客车上。

对开式轮辋（对拆平底式轮辋）的代号为 DT，它由左右可分的两半轮辋组成。两部分轮辋可以是等宽度的，也可以是不等宽的，它们之间用螺栓固紧在一起。

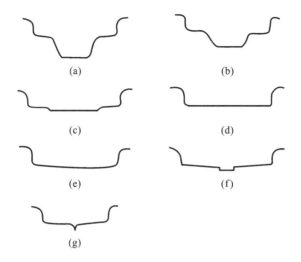

图 13-4 为轮辋轮廓类型及代号
(a) 深槽轮辋(DC);(b) 深槽宽轮辋(WDC);(c) 半深槽轮辋(SDC);(d) 平底轮辋(FB);
(e) 平底宽轮辋(WFB);(f) 全斜底轮辋(TB);(g) 对开式轮辋(DT)

14

轮胎的功用、类型、规格及标识

 提示

轮胎的类型很多,要能通过花纹和结构或胎内空气压力或标识进行判别;轮胎上的标识也很多,有各种颜色点状的标识,有文字、数字、英文字母标识,有图形、形状标识,这些都要掌握。

 考核要点

(1) 轮胎的作用。
(2) 轮胎的类型。
(3) 轮胎的规格:传统方法和国际标准。
(4) 轮胎上的标识:包括各种颜色点状的标识,文字、数字、英文字母标识,图形标识,形状标识。

上述内容可转变的考核题型有单项选择题、判断题、综合题中的综述题、填图题。

 知识点

一、轮胎的作用

轮胎的作用是:支承汽车的总质量;传递驱动力和制动力;吸收和缓和汽车行驶时所受到的部分冲击和振动;保证汽车有良好的乘坐舒适性和行驶平顺性;保证轮胎与路面的良好附着,以提高汽车的动力性、制动性和通过性。图 14-1 所示的为轮胎的结构。

轮胎胎面:厚厚的橡胶层,提供了与地面的接触界面,还具有排水和耐旧的性能。

胎冠带束层:双层或 3 层加强带束层具有垂直方向上的柔韧度和极高的横向刚性,提供转向力。

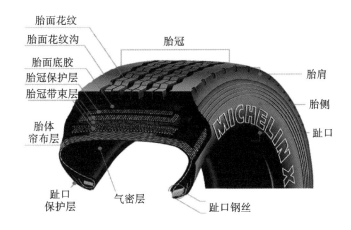

图 14-1 轮胎的结构

胎侧：胎侧容纳并保护胎体帘布层,而胎体帘布层的功能是将轮胎的胎面固定在轮辋上。

胎圈：它内部的钢丝圈可以使轮胎牢牢地固定在轮辋上,使之结合在一起。

气密层：它保证了轮胎具有良好的气密性,并保持正确的胎压。

充气轮胎主要由橡胶部件和帘布层构成,别看外表上轮胎都是橡胶,但橡胶在轮胎胎体中只起到组合胎体各部件、密封、耐磨、抗刺扎及部分缓冲作用,真正"出力"的是隐藏在橡胶里面的帘布。帘布在轮胎中被用作骨架材料,是轮胎的主要受力部件。也就是说,轮胎所受的充气压力和车辆负荷,阻止内胎充气后的膨胀、保护内胎免受机械损伤、传递牵引力和制动力等这些粗活儿,几乎全都是由帘布来承担的。在这方面,出头露面的橡胶出力并不大。

二、轮胎的类型

1. 按车种不同分类

按车种不同,轮胎大概可分为 8 种,即 PC——汽车轮胎；LT——轻型载货汽车轮胎；TB——载货汽车及大客车胎；AG——农用车轮胎；OTR——工程车轮胎；ID——工业用车轮胎；AC——飞机轮胎；MC——摩托车轮胎。

2. 按用途不同分类

按用途不同,轮胎包括载重轮胎、客车用轮胎及矿山用轮胎等种类。而载货汽车轮胎又分为重型、中型和轻型载货汽车轮胎。载重轮胎除了在胎壁上标有规格尺寸外,还必须标明层级数。但载重轮胎的层级数并不是指它的实际层数,而是指用高强度材料帘线制作胎体的轮胎,其负荷性能相当于用棉帘线制作胎体的轮胎帘布层数。

3. 按气候条件不同分类

按气候条件,轮胎分为雪地轮胎(SNOWTIRE)、夏季轮胎(SUMMERTIRE)、全天候轮胎(ALLSEASONTIRE)

3. 按轮胎花纹不同分类

按花纹不同,轮胎有很多种分类。轮胎胎侧上有花纹类型标识(见图 14-2、图 14-3),但大体上可以分为纵向花纹、横沟花纹、纵横沟花纹、泥雪地花纹和越野花纹轮胎五种。

图 14-2 轮胎花纹类型标识

图 14-3 轮胎花纹类型标识

（1）纵向花纹：轮胎的纵向花纹即按照轮胎圆周排列的花纹，这种花纹在一条轮胎上通常有数条，如图 14-4 所示。

图 14-4 纵向花纹

（2）横沟花纹：横沟花纹的驱动力、制动力和牵引力特别优秀，并且其耐磨性能极佳，因此十分适合如推土机、挖掘机等工程车辆的使用，但横沟花纹的操纵性和排水性能较差，如图 14-5 所示。

（3）纵横沟花纹：纵横沟花纹也叫综合花纹，它兼备了纵沟和横沟花纹的优点。将两种花纹混搭在一起，让中间的能提供快速排水的纵向花纹与胎肩上提供抓地力的横向花纹结

图 14-5　横沟花纹

合到一起。混合花纹轮胎使用限制较少,前后左右均可调换,是一种综合平衡性十分出色的轮胎,如图 14-6 所示。

图 14-6　纵横沟花纹

（4）泥雪地花纹：顾名思义,泥雪地花纹是指专为适于泥地和雪地使用而设计的花纹,如图 14-7、图 14-8 所示。

图 14-7　泥地花纹

图 14-8　雪地花纹

（5）越野花纹轮胎：越野花纹是专门为适应干、湿、崎岖山路和泥泞、沙路而设计的花纹。这种花纹轮胎就像五项全能运动员一样，一身兼具数种特长，能适用各种恶劣环境和气候，是越野车使用的最佳轮胎，如图14-9所示。

4. 按胎体结构不同分类

按胎体结构，轮胎可分为充气轮胎和实心轮胎。现代汽车绝大多数采用充气轮胎。

5. 按胎内空气压力不同分类

按胎内空气压力的高低，充气轮胎可分为高压胎、低压胎和超低压胎三种。一般气压在 0.5～0.7 mPa 为高压胎，0.15～0.45 mPa 为低压胎，0.15 mPa 以下为超低压。各类汽车普遍采用低压胎。低压胎弹性好，断面宽，与道路接触面大，壁薄而散热性良好。这些特点提高了汽车行驶平顺性、转向操纵的稳定性。此外，道路和轮胎本身的寿命也得以延长。

图 14-9　越野花纹轮胎

6. 按组成结构不同分类

按轮胎组成结构，充气轮胎可分为有内胎轮胎和无内胎轮胎两种。轿车普遍采用无内胎轮胎。有内胎的充气轮胎主要由外胎、内胎、垫带组成。内胎中充满压缩空气，外胎用来保护内胎不受损伤且具有一定弹性；垫带放在内胎下面，防止内胎与轮辋硬性接触而受到损伤。

7. 按帘布材料不同分类

按帘布材料，轮胎可分为棉帘布轮胎、人造线轮胎、尼龙轮胎、钢丝轮胎、聚酯轮胎、玻璃纤维轮胎、无帘布轮胎。

8. 按内部帘布层和缓冲层的排列方式不同分类

按轮胎内部帘布层和缓冲层的排列方式，轮胎可分为子午线轮胎和斜交轮胎两种。斜交轮胎（BIAS）胎体帘线层与层之间，呈交叉排列，所以称为斜交轮胎。汽车上普遍采用的是子午线轮胎。轮胎侧面均有标注。

（1）斜交轮胎：斜交轮胎是一种老式结构的轮胎，它是指帘布层和缓冲层相邻层帘线交叉，且与胎面中心线呈小于90°排列的充气轮胎。如图14-10所示，帘布层是外胎的骨架，用以保持外胎的形状和尺寸，在早期的时候，棉纤维是用来纺织帘布并作为轮胎的主要受力部件，但由于棉纤维帘布强度偏低，于是就增加了帘布的层数，再把帘布层经线按一定的角度相互交叉排列，使得轮胎应力相对集中。后来选用的尼龙、聚酯纤维等高强度帘线材料，可大大提高轮胎的负荷承载能力，有着很好的纵向刚性，适用于在普通路面上行驶。

（2）子午线轮胎：子午线轮胎胎体的帘线排列不同于斜交轮胎，如图14-11所示，它的帘线不是相互交叉排列的，而是与外胎断面接近平行，像地球子午线排列，帘线角度一般为0°。

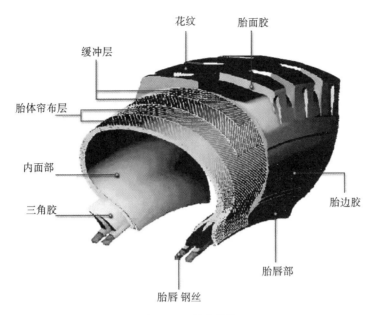

图 14-10 斜交轮胎

胎冠和胎侧相对独立,一般会在胎冠部分增加钢丝层,以增强防刺穿能力,因此子午线轮胎的胎冠更厚,具有很好的耐磨性,滚动阻力小等优点,相较于斜交轮胎使用寿命更长。同时由于带有束层的作用,接地压强分布较均匀,从而提高了附着力,减少了侧滑现象。

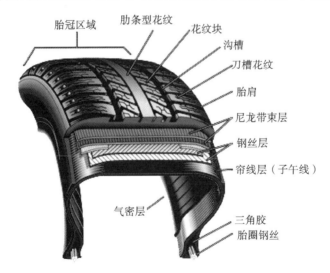

图 14-11 子午线轮胎

子午线轮胎(RADIAL)胎体帘线与钢丝带束层帘线之间所形成的角度,就像地球的子午线一样,所以称为子午线轮胎。

如图 14-12 所示,斜交轮胎和子午线轮胎的概念,区别是结构不同;钢丝胎和尼龙胎的概念,区别是材料不同;真空胎是相对"有内胎的轮胎"的概念,区别是有无内胎;真空胎一般都是钢丝胎,钢丝胎都是子午线轮胎;而斜交轮胎都是尼龙胎,一般都有内胎。

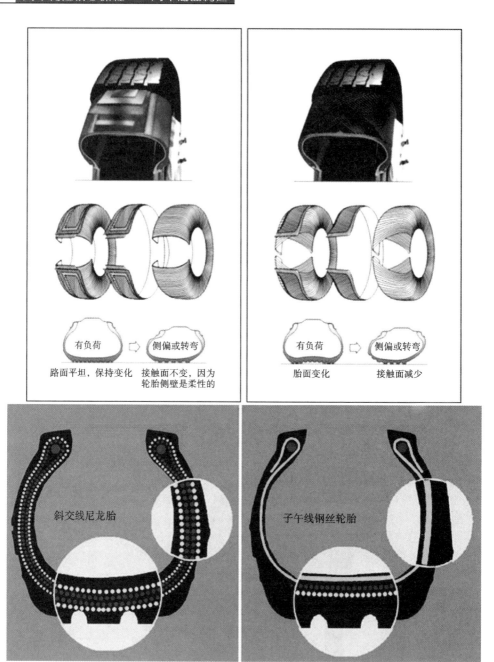

图 14-12　子午轮胎(左)与斜交轮胎(右)帘布的贴合形式不同

三、轮胎的规格

轮胎规格用外胎主要技术参数表示。轮胎的规格有很多表示方式,如英制、德制、公制及美制等。

充气轮胎一般习惯用英制表示,但欧洲国家则常用米制,个别国家也有用字母作代号来表示轮胎规格尺寸。我国充气轮胎规格采用的是英制表示法。

1. 传统方法

传统方法是以减号相连的两组数字来标记轮胎,第一组数字表明断面宽度,第二组表示轮辋直径。

高压胎一般用 D×B 来表示。其中 D 为轮胎的名义外径,B 为轮胎的名义断面宽度,单位均为 in;"×"表示高压胎。

汽车上常用的是低压胎,其尺寸标记用 B-d 表示。其中 B 为轮胎名义断面宽度,d 为轮辋名义直径,单位均为 in;"-"表示低压胎。

这种标记方法的两组数字均采用英制单位表示,如 9.00-20、13.6-38、23.5-25 等单位均为英寸。例如,标记为 9.00-20,表示轮胎名义断面宽度为 9 in,轮辋名义直径为 20 in 的低压胎。

此外,有些国家采用公制或公制-英制混合标记,如 260-508 两组数字单位均为毫米(mm),185×15 前组数字单位为毫米(mm),后者单位为英寸。充气轮胎尺寸的标记方法如图 14-13 所示。

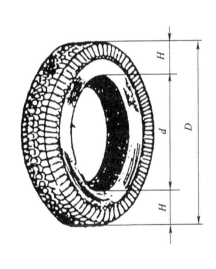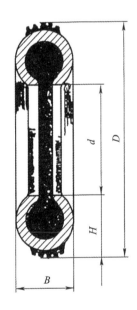

图 14-13 充气轮胎尺寸的标记方法

例如,斜交轮胎标记为 6.70-13-6PR,其中 6.70 表示轮胎名义断面宽度为 6.7 in;13 表示轮辋名义直径为 13 in;轮胎的层级数用"PR"表示,它不代表实际层数,只表示可承受载荷,6PR 表示可承受相当于 6 层级的棉帘线的负荷。

2. 国际标准

国际标准以轮胎断面宽度(mm)、轮胎扁平率(%)、轮胎结构代号(如 R 代表子午线轮胎)和轮辋直径(in)代号四项表示。子午线轮胎一般采用"R"字母为代号,R 是子午线结构

Radial 的字头，R 代替连接两组数的"-"符号。

如 175/70SR14，第一组数字表明轮胎断面宽度为 175 mm，第二组数字表示轮胎断面高宽比为 70%，即 70 轮胎系列，第三组数字 14 表示轮辋直径，用英制，SR 表示快速级子午线轮胎，S 为速度级标记。

例如，子午线轮胎标记为 185/70R1386T，其中 185 表示轮胎名义断面宽度为 205 mm；70 表示轮胎系列（70 系列）；R 为子午线轮胎代号；13 表示轮辋名义直径为 13 in（英寸）；86 表示负荷指数（最大负荷为 5300 N）；T 表示速度级别（最高行驶速度为 190 km/h），具体如下所示。

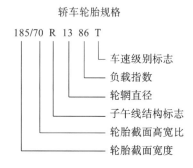

（1）轮胎断面宽度：图 14-14 中，205 表示轮胎的宽度，单位为 mm。如图 14-15 所示，在相同花纹、相同材质的前提下，更大宽度的轮胎在直线行驶状态下的抓地力和牵引力会更好，摩擦阻力增加，稳定性更好，所产生的摩擦力更强，制动能力胜过窄胎，但是油耗会相应有所增长。

图 14-14　轮胎的规格标识

（2）扁平比：在图 14-14 中，55 表示扁平比是 55%。如图 14-16 所示，扁平比指的是从轮圈至胎面的高度与轮胎的断面测量最大的宽度的比值，用百分比表示，即高度占宽度的百分数。高扁平比的轮胎由于胎壁长，缓冲能力强，相对来说舒适性较高，但对路面的感觉较差，

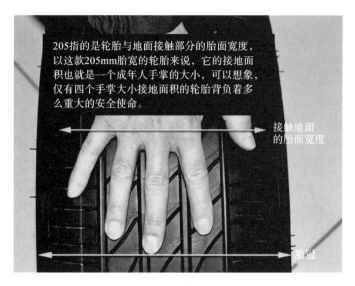

图 14-15 轮胎宽度

转弯时的侧向抵抗力弱;反之,低扁平比、大内径的轮胎,因胎壁较短,胎面宽阔,因而接地面积大,轮胎可承受的压力亦大,对路面反应非常灵敏,转弯时的侧向抵抗能力强,车辆的操控性强。

图 14-16 扁平比

（3）轮辋直径:在图 14-14 中,"16"表示轮辋直径,单位为英寸,即胎圈的直径,如图14-17所示。

（4）载重系数:如图 14-18 所示,91 表示最大载重,单位为 kg,即轮胎单胎最大载重能力,不同的系数对应不同的载重量。超过标准系数范围,轮胎将处于比较危险的状态,如爆胎(注:系数为载重系数,载重为最大载重,单位为 kg)。

（5）速度系数:如图 14-18 所示,W 表示速度系数。速度系数是指轮胎在规定的载重与标准气压下,轮胎所能达到的最高时速。超过最高时速可能引起爆胎,速度级别越高,轮胎

图 14-17 轮辋直径

图 14-18 载重系数

设计及对材料的要求也就越高。速度系数用英文字母表示,不同的英文字母代表了不同的速度等级。轮胎是不允许超过设计速度使用的。

四、轮胎上的标识

1. 圆点标识

轮毂和轮胎上有几个圆点,如图 14-19 所示,这些圆点的存在是为了让整个车轮的转动合理。无论是轮毂还是轮胎都无法做到绝对的配重平衡,因此在安装时需要人工进行抵消。

圆点具体代表的含义如下。

(1) 红点:如图 14-20 所示,红点是实心的,是轮胎最大振动点标识点,代表的是轮胎纵向钢性的最大点,即红点是在这条轮胎上转动一圈使振动最大的点。汽车轮胎在地面上旋转 360°时,轮胎的每一个角度所承受的振动力是不一样的,这种情况称为 RFV。而 RFV 值越大,轮胎在行驶过程中产生的振动就越大;反之,RFV 值越小,振动就越小。汽车轮胎在不同的角度下所能承受的振动量也是各不相同的。

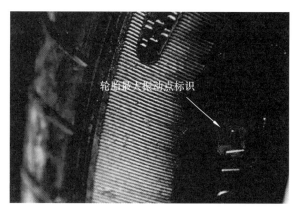

图 14-19　轮胎上的圆点

图 14-20　轮胎上的红点

（2）黄点：如图 14-21 所示，"黄点"是空心的，是轮胎轻点标记，是轮胎径向振动的最小点，代表该部位是该轮胎圆周上最轻的地方。由于车轮由轮胎、轮毂、气门嘴三个部分组成，而且在轮毂上要安装气门嘴，因此轮毂上所对应气门嘴位置是最重的点；而轮毂上最重的点正对着轮胎上最轻的点。

图 14-21　轮胎上的"黄点"

最重点与最轻点的对应，能起到互补的作用，让整个车轮的质量分布趋于平衡。可以观察轮胎上的气门嘴与黄点的对应情况。若两者没对应，则表明该轮胎存在一定的质量偏差。另外，在安装轮胎时，必须将气门嘴位置正对着"黄点"，可以起到互补作用，使质量分布趋于平衡，以便车辆在做动平衡时减少重块的使用量。因此，"黄点"还可以作为轮胎安装示意标志，如图 14-22 所示。

（3）白点：现在一些高端车型的轮胎或者防爆胎，都没有红、黄点，只有轮辋上的一个白点，是轮辋径向振动的最小点，如图 14-23 所示。这个点基本上就代表了轮胎的静平衡点，也就是轮胎最轻位和轮胎外侧的意思。

图 14-22 "黄点"作为轮胎安装示意标志

图 14-23 轮胎上的白点

2. 安排说明

在实际安装过程中应按如下步骤操作。

(1) 将轮胎"实心红点"对准"轮辋白点",就是将轮胎的"重点"对准轮辋的"轻点",让二者尽可能补偿平衡。

(2) 如果轮辋上没有白点,那么将轮胎"空心黄点"对准轮辋的气门嘴。如果轮辋上没有标注"轻点"的话,那么至少它的"重点"是在的,就是凸起的气门嘴。这样将轮胎的黄色"轻点"对准轮辋"重点",也能起到补偿平衡的作用。

3. 轮胎胎侧上文字

轮胎胎侧的文字如图 14-24 所示,应认识并理解。

(1) 轮胎宽度:如图 14-25 所示,205 表示轮胎的宽度,单位为 mm。宽度越宽,接地面积就越大。

(2) 扁平比:55 表示扁平比是 55%。

图 14-24 轮胎胎侧上文字的认识

图 14-25 轮胎宽度的文字标识

（3）轮辋直径："16"表示轮辋直径，单位为英寸，即胎圈的直径。

（4）载重系数：91表示最大载重，单位为 kg。

（5）速度系数：W 表示速度系数。

（6）载重指数：载重指数指的是轮胎在最大空气压中，一条轮胎在规定的条件下，所能负荷之最大载重所表示的数值，如图 14-26 所示。

（7）轮胎安全标准、轮胎的制造商、厂房代码、轮胎尺寸、轮胎品牌、特性、生产日期如图 14-27 所示。

图 14-27 中，DOT 指该轮胎符合美国运输部（Department of Transportation）轮胎安全标准，并且核准用于高速公路。DOT 之后的头两个字母指示轮胎的制造商和厂房代码，第三和第四个字符标示出轮胎尺寸，第五、第六、第七和第八（选择性的）个字符指出轮胎的品牌以及其他重大特性，第九和第十个字符标示出轮胎生产的周数，最后一个数字表示轮胎的生

图 14-26 载重指数

图 14-27 轮胎安全标准、轮胎的制造商、厂房代码、轮胎尺寸、轮胎品牌、特性、生产日期

产年份。新世纪 ETRTO 标准轮胎已经改变为四位数 DOT 码,最后两码表示年份。例如,DOT ND2R JABR 2314 是公元 2014 年第 23 周生产的轮胎。

(8) 轮胎磨耗标志:如果达到最小轮胎胎面深度(轮胎上看到轮胎磨耗标志)(TWI 是 tire wear indicator 的缩写),是表明轮胎胎面磨损已到极限的标志。它位于胎面花纹沟的底部,如图 14-28 所示,稍稍高于沟底 1.6 mm 的凸台。为了便于检查,轮胎上有磨耗标志的地方(按规定不少于四处)标记在胎面基部(见图 14-29),印有"TWI"或三角等标记。当胎面磨损到这个凸台的深度时,花纹沟断开,不再连续,就说明轮胎已经磨耗,花纹即将磨平,不能再继续使用了;否则,轮胎的防滑排水性能会明显下降,非常容易打滑,十分危险。

当看到轮胎花纹磨得不再连续时,就说明轮胎已快磨平,应当尽快更换新轮胎。必须通知客户,并在保养计划检查表上的"观察现象"栏中填写"轮胎磨耗标志可见",VL/VR、HL/HR 的单位为毫米。这种情况下,必须测量并记录实际剩余胎面深度。

(9) 三"T"指数——轮胎品质标识,如图 14-30 所示,对于轮胎 Treadwear/Traction/Temperature(三"T"指数)这三个指数的意义如图 14-31 所示。

①Treadwear(耐磨指数):Treadwear 以数字来表示,数字的高低代表了轮胎在相同使用

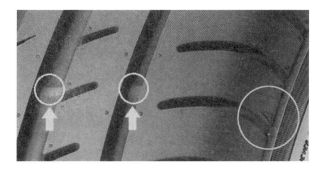

图 14-28　轮胎磨耗标志

图 14-29　轮胎沟槽中的极限磨损标志

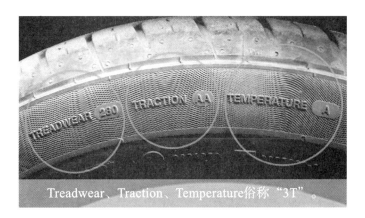

图 14-30　三"T"指数——轮胎品质标识

环境下可行驶里程的多少,数字越大,可以理解为该款轮胎更加耐磨。通常抓地性能出色的轮胎耐磨指数却比较低,高性能轮胎的耐磨指数都在 200 以下,而耐磨指数在 300 以上的轮胎虽然耐磨,但是民用、舒适的定位让其抓地性能要逊色于那些竞技、运动定位的高性能轮胎。

耐磨指数对应的里程数只可作为实验参考值,不能完全按照指数对应的里程数使用,要根据轮胎的实际使用情况来决定轮胎的使用寿命。在挑选轮胎时应尽量选择耐磨指数高的轮胎。

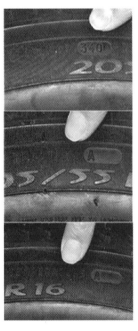

Treadwear 340
-磨损指数340
耐磨是"标准轮胎"的3.4倍
（标准轮胎指数：100）

Traction A
-牵引力等级A
分AA、A、B、C等级，
AA级最高，以此类推

Temperature A
-耐高温等级A
分A、B、C等级，A级最高，
以此类推

图 14-31　三"T"指数及指数意义

②Traction(湿地牵引力)：是根据在特定路面的湿地直线制动所取得的纵向牵引力系数来进行的分级。这个参数其实更直白的理解就是抓地力水平,用 AA/A/B/C 标示,AA 代表优秀,C 则最差,该项数值越高的轮胎,在湿滑地面的纵向牵引力就越好。这项数值更看重轮胎花纹的排水设计和胎面橡胶配方。但是它并不会影响轮胎在弯道中横向抓地力的好坏。

③Temperature(温度指数)：体现了轮胎自身散热能力的优劣。轮胎随着车速的上升,自身的温度也会上升。如果轮胎自身的散热能力不好或是无法承受快速上升的温度,则高速行驶时的稳定性将会大打折扣。

温度指数越高的轮胎,高速行驶时的稳定性就越好。

（10）安装里外、滚动方向标识(见图 14-32、图 14-33、图 14-34)。

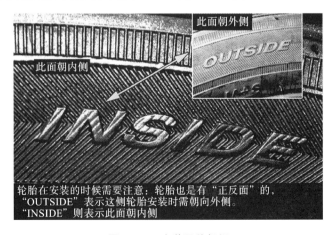

图 14-32　安装里外标识

14 轮胎的功用、类型、规格及标识 109

图 14-33 胎侧上的滚动方向标识

如上图所示的即为无明显导向性的轮胎，安装时无需考虑滚动方向，只需根据内侧和外侧标识正确安装即可。
右图所示即为单导向轮胎，通过花纹可以清晰看出轮胎的导向性，这种轮胎安装时除需要注意内外侧标识外，还需要看清楚滚动方向的箭头标识

图 14-34 轮胎花纹的滚动方向

15

悬架的功用、组成和类型

 提示

悬架有各种不同的结构形式,要掌握每一种类型悬架的组成。

 考核要点

(1) 悬架的功用。
(2) 悬架的组成。
(3) 单横臂式独立悬架、双横臂式独立悬架、单纵臂式独立悬架、双纵臂式独立悬架、烛式悬架和麦弗逊式悬架的组成。
(4) 纵置板簧式非独立悬架、螺旋弹簧非独立悬架、空气弹簧非独立悬架的组成。
上述内容可转变的考核题型有单项选择题、判断题、综合题中的综述题、填图题。

 知识点

一、悬架的功用

悬架的作用是把车桥和车架弹性地连接起来,并用它来吸收和缓和行驶中因路面不平引起的车轮跳动而传给车架的冲击和振动;传递路面作用于车轮的支持力、驱动力、制动力和侧向力及其产生的力矩。保证车轮和车身(或车架)之间有确定的运动关系,使汽车具有良好的驾驶性能。

二、悬架的组成

现代汽车的悬架有各种不同的结构形式,如图 15-1 所示,但一般都是由弹性元件、减振器和导向机构三部分组成的。

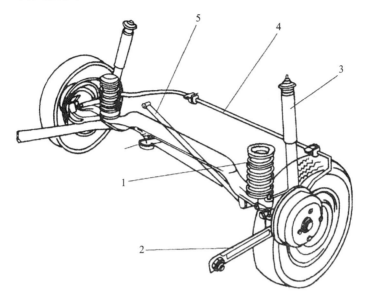

图 15-1　汽车悬架组成示意图
1—弹性元件；2—纵向推力杆；3—减振器；4—横向稳定器；5—横向推力杆

弹性元件 1)使车架(或车身)与车桥(或车轮)之间实现弹性连接,用来承受并传递垂直载荷,缓和不平路面、紧急制动、加速和转弯引起的冲击。

减振器 3 用来衰减由于弹性系统受到冲击后引起的振动,很多汽车在悬架中设有专门的减振器。

导向机构是用来使车轮(特别是转向轮)按一定运动轨迹相对于车身运动,同时以上三者兼有传递力的作用。

按控制形式,悬架可分为被动式悬架和主动式悬架两类。

按汽车悬架导向装置结构,悬架可分为独立悬架和非独立悬架两大类。

三、独立悬架

如图 15-2 所示,独立悬架的两侧车轮分别独立地与车架或车身弹性连接,当一侧车轮受到冲击时,其运动不会直接影响到另一侧车轮。独立悬架所采用的车桥是断开式的,这样可使发动机降低安装位置,有利于降低汽车重心,并使结构紧凑。

独立悬架允许前轮有较大的跳动空间,这样便于选择较软的弹性元件使平顺性得到改善。同时,独立悬架簧载质量小,可提高汽车车轮的附着性能。

独立悬架的结构类型很多,可按车轮运动形式分成以下四类(见图 15-3):

(1) 车轮在汽车横向平面内摆动的悬架(横臂式独立悬架),如图 15-3(a)所示。

(2) 车轮在汽车纵向平面内摆动的悬架(纵臂式独立悬架),如图 15-3(b)所示。

(3) 车轮沿主销移动的悬架,包括烛式悬架(见图 15-3(d))和麦弗逊式悬架(滑柱连杆式悬架,如图 15-3(e)所示)。

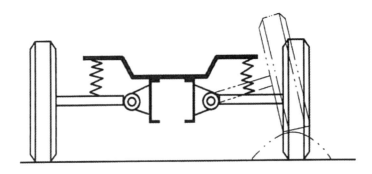

图 15-2 独立悬架示意图

（4）在有的独立悬架中，车轮是在汽车的斜向平面内摆动的（单斜臂式独立悬架，如图 15-3(c)所示）。

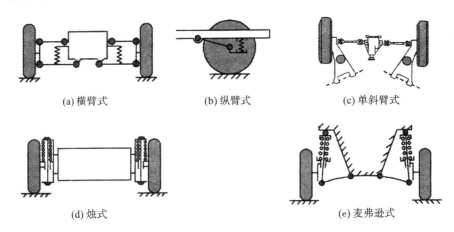

图 15-3 独立悬架独立悬架的结构类型

1. 横臂式独立悬架

横臂式独立悬架分为单横臂式和双横臂式两种。

（1）单横臂式独立悬架：如图 15-4 所示，其特点是当悬架变形时，车轮平面将产生倾斜而改变两侧车轮与路面接触点间的距离——轮距，致使轮胎相对于地面侧向滑移，破坏轮胎和地面的附着。此外，这种悬架多用于转向轮，会使主销内倾角和车轮外倾角发生较大变化，影响转向操纵，目前较少使用。

（2）双横臂式独立悬架：双横臂是用上下摆臂分别将左、右车轮和车架（或车身）连接起来的悬架形式，如图 15-3(a)所示。双横臂式独立悬架的两个摆臂长度可以相等，也可以不相等，如图 15-5 所示。其弹性元件一般都是螺旋弹簧，但也有采用横置钢板弹簧或扭杆弹簧作为弹性元件的，如图 15-6 所示的为某系列轻型货车的前悬架属于不等长双横臂式扭杆弹簧独立前悬架。图 15-7 所示的为典型的不等长双横臂式螺旋弹簧独立悬架的构造。车轮所受的纵向力、侧向力及其力矩由上、下横臂和上、下支撑杆承受并传递给车架。

两摆臂等长的悬架，当车轮上下跳动时，车轮平面没有倾斜，但轮距却发生了较大的变化，这将增加车轮侧向滑移的可能性。

15 悬架的功用、组成和类型

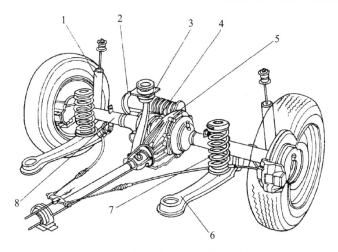

图 15-4 单横臂式独立悬架示意图

1—减振器；2—油气弹性元件；3—中间支承；4—单铰链；5—主减速器壳；6—纵向推力杆；7—螺旋弹簧；8—半轴套管

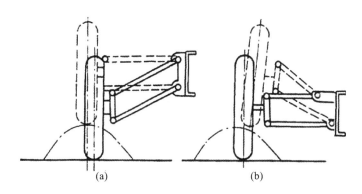

图 15-5 双横臂式独立悬架示意图

(a) 两摆臂等长的悬架；(b) 两摆臂不等长的悬架

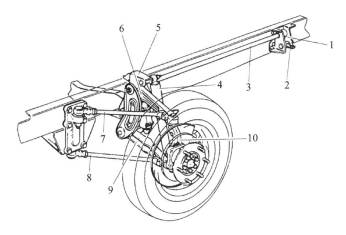

图 15-6 某系列轻型货车不等长双横臂式扭杆弹簧独立前悬架

1—扭杆弹簧固定支架；2—扭杆弹簧预加载荷调整螺栓；3—扭杆弹簧；4—减振器；5—减振器上支架；
6—上横臂；7—上支撑杆；8—下支撑杆；9—下横臂；10—车架

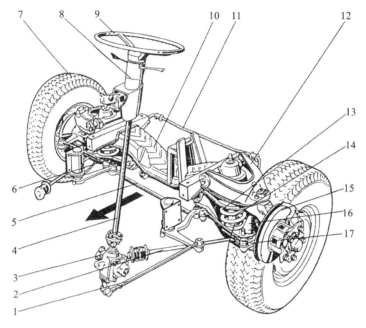

图 15-7 不等长双横臂式螺旋弹簧独立悬架

1—转向直拉杆；2—悬架支承杆；3—转向器；4—转向柱；5—转向横拉杆；6—下摆臂；7—车轮；8—转向柱支架；9—转向盘；10—车架前横梁；11—横向稳定杆；12—上摆臂；13—螺旋弹簧；14—减振器；15—制动盘；16—缓冲块；17—转向节

2．纵臂式独立悬架

纵臂式独立悬架有单纵臂和双纵臂两种。

（1）单纵臂式独立悬架：转向轮采用单纵臂式独立悬架时，车轮上下跳动将使主销后倾角产生很大变化。因此，单纵臂式独立悬架一般多用于不转向的后轮。图 15-8 所示的为轿车的左后轮悬架结构图。

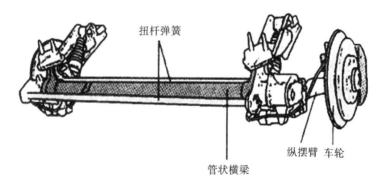

图 15-8 轿车的左后轮悬架结构图

1—套管；2—扭杆弹簧；3—橡胶衬套；4—纵臂；5—心轴；6—车轮

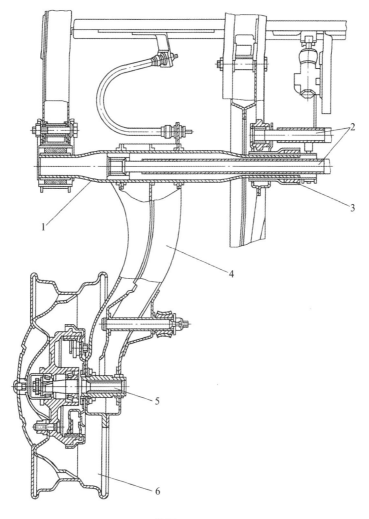

续图 15-8

(2) 双纵臂式独立悬架：这种悬架的两个纵臂长度一般相等，形成平行四连杆机构。这样，当车轮上下跳动时，主销后倾角保持不变，这种形式的悬架适用于转向轮，如图 15-9 所示。

3. 烛式悬架和麦弗逊式悬架

目前车轮沿主销移动的悬架大致可分为两种形式：一种是烛式悬架；另一种是麦弗逊式悬架。

(1) 烛式悬架：图 15-10 所示的为车轮的转向节沿着刚性的固定在车架上的主销上下移动的烛式悬架。当悬架变形时，主销的定位角不会改变，轮距、轴距稍有改变。

(2) 麦弗逊式悬架：这种悬架主要由减振器、螺旋弹簧、横摆臂和横向稳定杆等元件组成。图 15-11 所示的麦弗逊式悬架是将螺旋弹簧和减振器装于一体，用减振器作滑动立柱同时兼起转向主销作用，减振器与下摆臂组成悬架。

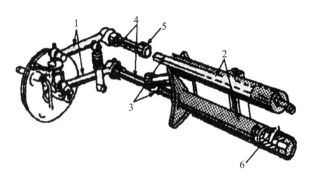

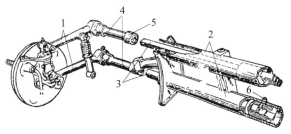

图 15-9 双纵臂式扭杆弹簧独立悬架
1—纵臂；2—横梁；3—扭杆弹簧；4—摆臂轴；5—衬套；6—螺钉

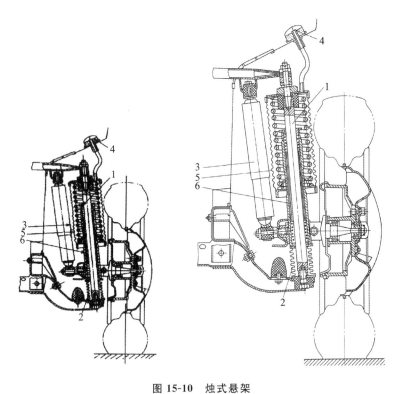

图 15-10 烛式悬架
1—主销；2、5—防尘套；3—减振器；4—通气管；6—套筒

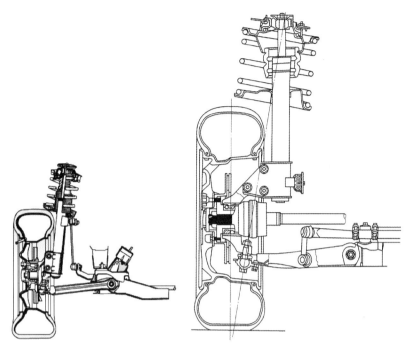

图 15-11 麦弗逊式悬架

四、非独立悬架

非独立悬架的特点是两侧车轮安装于一整体式车桥上,如图 15-12 所示,车轮连同车桥一起通过弹性元件悬挂在车架或车身上。当一侧车轮受到冲击时会直接影响到另一侧车轮。非独立悬架由于簧载质量比较大,特别是汽车高速行驶时,悬架受到较大的冲击载荷,汽车平顺性较差。

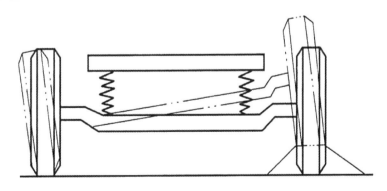

图 15-12 非独立悬架示意图

非独立悬架因其结构简单,工作可靠,而被广泛应用于货车的前、后悬架。在轿车中,非独立悬架仅用于后桥。悬架的结构,特别是导向机构的结构,随所采用的弹性元件不同而有差异,而且有时差别很大。采用螺旋弹簧、气体弹簧时需要有较复杂的导向机构。而采用钢板弹簧时,由于钢板弹簧本身可兼起导向机构的作用,并有一定的减振作用,使得悬架结构大为简化。

1. 纵置板簧式非独立悬架

图15-13所示的为解放基本型CA1091汽车的前悬架。钢板弹簧通常是纵向安置的。前钢板弹簧2中部用两个U形螺栓3固定在前桥上。弹簧两端的卷耳孔中压入衬套。前端卷耳用钢板弹簧销15与前支架1相连,形成固定的铰链支点;而后端卷耳则通过前板簧吊耳销14与用铰链挂在后吊耳支架10上可以自由摆动的吊耳9相连接,从而保证了弹簧变形时两卷耳中心线间的距离有改变的可能,是目前广泛采用的一种连接方式。

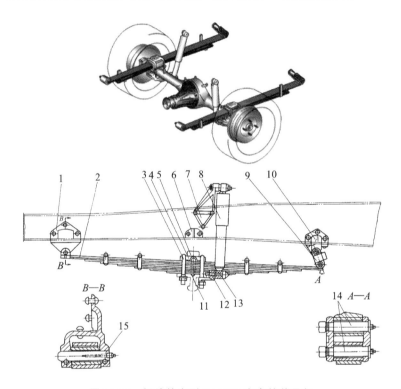

图15-13 解放基本型CA1091汽车的前悬架

1—钢板弹簧前支架;2—前钢板弹簧;3—U形螺栓;4—前板簧盖板;5—缓冲块;6—限位块;7—减振器上支架;8—减振器;9—吊耳;10—后吊耳支架;11—中心螺栓;12—减振器下支架;13—减振器连接销;14—前板簧吊耳销;15—钢板弹簧销

2. 螺旋弹簧非独立悬架

图15-14所示的为轿车的后悬架,它的螺旋弹簧套在减振器的外面。减振器的下连接环用螺栓与焊在后轴3上的支座相连。弹簧下座紧套在减振器缸筒外面,并由减振器外筒上沿圆周分布的3个凸台限位。弹簧上座用螺栓紧固在车身底板上。弹簧和弹簧上座之间装有弹簧软垫,防止车轮的高频振动传给车身。在弹簧上座和车身之间还装有橡胶隔振块,它除了起隔振作用外,还可保证减振器的上铰链点不发生运动干涉。该悬架的螺旋弹簧上端第

一圈的簧丝直径较其他圈直径大，以提高弹簧的使用寿命。

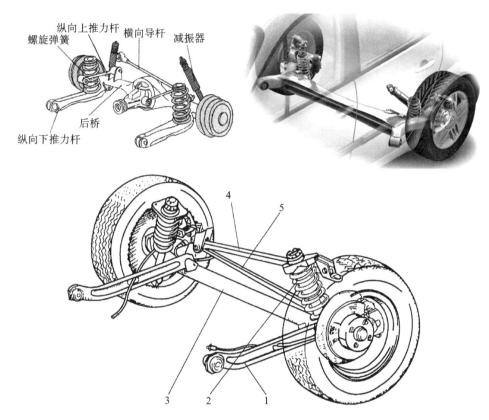

图 15-14 轿车的螺旋弹簧非独立后悬架
1—纵向推力杆；2—螺旋弹簧和减振器总成；3—后轴；4—加强杆；5—横向推力杆

左右车轮用一根整体后轴 3 相连，纵向推力杆 1 的后端与车轴焊在一起，其前端头部有孔，孔中装有橡胶衬套，连接螺栓穿过橡胶衬套与车身相连，并形成橡胶铰链点。由于这些铰链点都采用橡胶衬套，故可消除两个方向摆动的干涉。

螺旋弹簧非独立悬架一般只用做轿车的后悬架。其纵、横向推力杆是悬架的导向机构，是用来承受和传递车轴和车身之间的纵向和横向作用力及其力矩的杆件。加强杆 4 的作用是加强横向推力杆的安装强度，并可使车身受力均匀。

3. 空气弹簧非独立悬架

图 15-15 为空气弹簧非独立悬架示意图。空气弹簧和螺旋弹簧一样只能传递垂直力，其纵向力和横向力及其力矩也是由纵向推力杆和横向推力杆（图 15-15 中未画出）来传递的。这种悬架中也要装有减振器（图 15-15 中未画出）。

采用空气弹簧悬架时，容易实现车身高度的自动调节。在装有压气机的汽车上，一般用随载荷的不同而改变空气弹簧内的空气压力的方法来达到该目的。

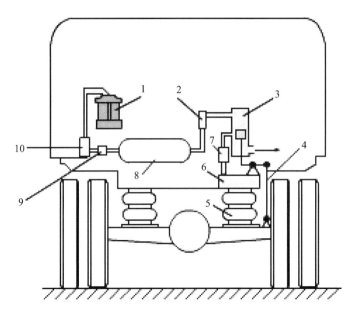

图 15-15 空气弹簧非独立悬架示意图

1—压气机；2、7—空气滤清器；3—车身高度控制阀；4—控制杆；5—空气弹簧；
6—储气罐；8—储气筒；9—压力调节器；10—油水分离器

16

转向系统的功用、类型和组成

提示

转向系统有机械转向系统和动力转向系统两大类,但具体的类型较多,要掌握每一种类型的转向系统的组成。

考核要点

(1) 转向系统的功用。
(2) 机械转向系统的组成和类型。
(3) 动力转向系统的类型。
(4) 齿轮齿条式机械转向系统的组成。
(5) 循环球式机械转向系统的组成。
(6) 蜗杆曲柄指销式机械转向系统的组成。
(7) 机械液压助力转向系统的组成。
(8) 电子液压助力转向系统的组成。
(9) 电动助力转向系统的组成。
(10) 线控转向系统的组成。

上述内容可转变的考核题型有单项选择题、判断题、综合题中的综述题、填图题。

知识点

一、转向系统的功用

转向系统的功用就是通过驾驶员转动转向盘,根据需要改变和保持汽车行驶的方向。

二、转向系统的类型和组成

转向系统可按转向动力源的不同分为机械转向系统和动力转向系统两大类。

1. 机械转向系统

机械转向系统以驾驶员的体力作为转向动力源,其中所有传力件都是机械的。机械转向系统由转向操纵机构、转向器和转向传动机构三大部分组成。

(1)机械转向操纵机构是驾驶员操纵转向器工作的装置。它由转向盘、转向柱管、转向传动轴等组成,具体有转向盘、转向柱管、转向轴、上万向节、下万向节和转向传动轴等。转向操纵机构的作用是将驾驶员作用在转向盘上的力传递到转向器。

(2)转向器的类型:机械转向系统的转向器有齿轮齿条式、循环球式、蜗杆曲柄指销式等类型。

(3)转向传动机构的作用和类型:转向传动机构是指从转向器至转向轮之间的一整套杆件。其作用是将转向器输出的力传给转向轮,使之偏转以实现汽车的转向。转向传动机构的组成和布置因转向器位置和转向轮悬架类型而异。

①与非独立悬架配用的转向传动机构:与非独立悬架配用的转向传动机构主要包括转向器、转向摇臂、转向直拉杆、转向节臂、转向梯形臂和转向横拉杆,如图16-1所示。

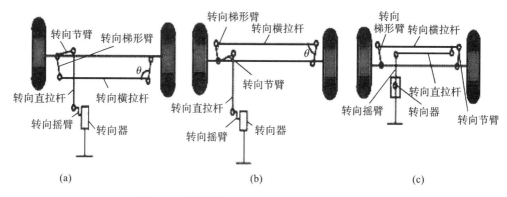

图 16-1 与非独立悬架配用的转向传动机构
(a)梯形机构后置式;(b)梯形机构前置式;(c)主拉杆横置式

②与独立悬架配用的转向传动机构:当转向轮独立悬挂时,每个转向轮分别相对于车架作独立运动,因而转向桥必须是断开式的。与此相应,转向传动机构中的转向梯形也必须分成两段或三段,并且由在平行于路面的平面中摆动的转向摇臂直接带动或通过转向直拉杆带动。其具体结构如图16-2、图16-3所示。

2. 动力转向系统

动力转向系统是兼用驾驶员体力和发动机动力为转向能源的转向系统。在正常情况下,汽车转向所需能量,只有一小部分由驾驶员提供,而大部分是由发动机通过动力转向装置提供的。但在动力转向装置失效时,一般还应当能由驾驶员独立承担汽车转向任务。因此,动力转向系统是在机械转向系统的基础上加设一套动力转向装置而形成的。动力转向系统有机械液压助力、电子液压助力、电动助力、线传控制转向等类型。

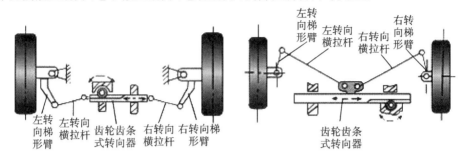

图 16-2 与齿轮齿条转向器配合使用的转向传动机构

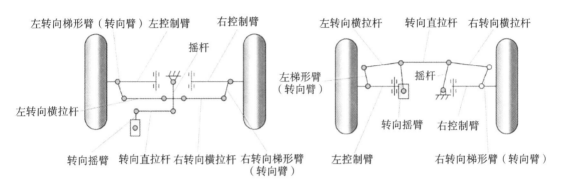

图 16-3 与循环球式转向器配合使用的转向传动机构

三、机械转向系统

1. 齿轮齿条式机械转向系统

齿轮齿条式机械转向结构是一种最常见的转向器。其基本结构是一对相互啮合的小齿轮和齿条；转向轴带动小齿轮旋转时，齿条便做直线运动。有时，靠齿条来直接带动横拉杆，就可使转向轮转向；由与转向轴做成一体的转向齿轮和常与转向横拉杆做成一体的齿条组成。其基本结构（见图 16-4）是一对相互啮合的小齿轮和齿条。转向轴带动小齿轮旋转时，齿条便做直线运动。有时，靠齿条来直接带动转向横拉杆，就可使转向轮转向。

齿轮齿条式机械转向器主要由转向齿轮、转向齿条、调整螺钉、支承套、壳体、压块、压盖、油封、防尘罩、垫片及齿条导块等组成，转向器小齿轮在转向主轴的下端，与转向齿条啮合。当旋转方向盘时，转向器中的小齿轮便转动，带

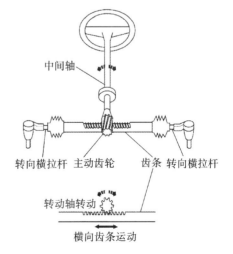

图 16-4 齿轮齿条式机械转向系统

动转向器中的齿条朝方向盘转动的方向移动。转向器齿条的动作,通过转向器齿条端头和转向拉杆端头传递到转向节臂上,从而使车轮转动。

图 16-5 所示的为齿轮齿条式转向器。作为传动副主动件的转向齿轮 10 用轴承 9、11 支承在壳体 1 中,与水平布置的转向齿条 2 相啮合。弹簧 6 通过垫片 7、压块 8 将齿条压靠在齿轮上,保证无间隙啮合。弹簧的预紧力可用调整螺钉 4 调整,并且螺钉的端部可以起到限位作用,防止由于汽车颠簸等原因导致齿条跳动与齿轮脱离啮合而跳齿。转向齿条通过两点支承在壳体上,一个支承点是小齿轮与齿条的啮合处,另一支承点是右侧压制在壳体端部的橡胶支承套 3。

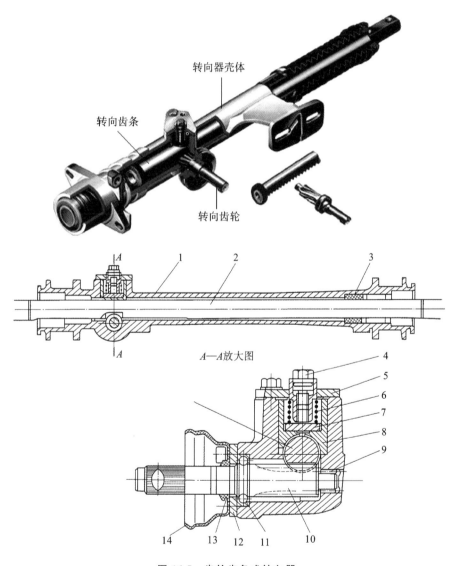

图 16-5 齿轮齿条式转向器

1—壳体;2—转向齿条;3—支承套;4—调整螺钉;5—侧盖;6—弹簧;7—垫片;8—压块;
9—滚针轴承;10—转向齿轮;11—球轴承;12—压盖;13—油封;14—防尘罩

转向器是通过两个橡胶支承固定在副车架上的,如图 16-6 所示。转向齿轮与转向轴和转向盘连接,两个转向横拉杆分别通过球头销连接在转向齿条的两端。转向盘转动时,转向齿轮转动并使与之啮合的转向齿条轴向移动,通过转向横拉杆带动左、右转向节转动,使转向轮偏转,实现汽车转向。

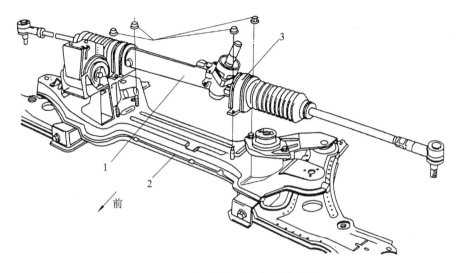

图 16-6 齿轮齿条式转向器的布置
1—转向器总成;2—副车架总成;3—U 形支架和橡胶管

2. 循环球式机械转向系统

循环球式转向器的主要结构由两大部分组成:机械部分和液压部分。转向螺杆转动时,通过钢球将力传给螺母,螺母即沿轴线移动,螺母再与扇形齿轮啮合,直线运动再次变为旋转运动,使连杆臂摇动,连杆臂再使连动拉杆和横拉杆做直线运动,改变车轮的方向。

如图 16-7 所示,循环球式转向器一般有两级传动副:第一级是螺杆螺母传动副;第二级是齿条齿扇传动副。图 16-8 所示的为循环球-齿条齿扇式转向器。转向螺杆 3 的轴颈支承在两个推力角接触球轴承 2 上。轴承预紧度可用调整垫片 9 调整。转向螺母 4 外侧的下平面上加工成齿条,与齿扇轴(即摇臂轴)20 上的齿扇啮合。转向螺母既是第一级传动副的从动件,也是第二级传动副(齿条齿扇传动副)的主动件(齿条)。通过转向盘和转向轴转动转向螺杆时,转向螺母不能转动,只能轴向移动,并驱使齿扇轴转动(见图 16-9)。

为了减少摩擦,在转向螺杆和螺母上都加工出其轮廓由两段或三段不同心的圆弧组成的断面为近似半圆形的螺旋槽,两者相配合形成近似圆形断面的螺旋管状通道中装入许多钢球 5,使滑动摩擦变为滚动摩擦。螺母的侧面有两对通孔,可将钢球从此孔塞入螺旋形通道内。两根 U 形钢球导管 7 的两端插入螺母侧面的两对通孔中,导管内也装满了钢球。这样,两根导管和螺母内的螺旋管状通道组合成两条各自独立的封闭的钢球"流道"。

转向螺杆转动时,通过钢球将力传给转向螺母,使螺母沿轴向移动。同时,在螺杆、螺母和钢球间的摩擦力偶作用下,所有钢球便在螺旋管状通道内滚动,形成"球流"。钢球在管状通道内绕行 1.5 圈后,流出螺母进入导管的一端,再由导管另一端流回螺旋管状通道。因此,在转向器工作时,两列钢球只是在各自的封闭流道内循环滚动,而不致脱出。

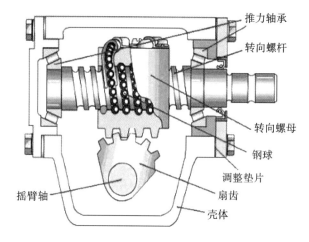

图 16-7 循环球式转向器

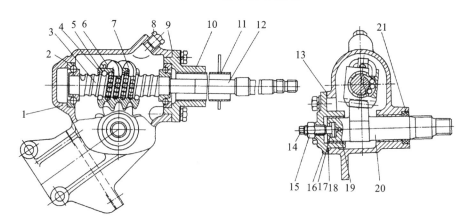

图 16-8 轻型载货汽车循环球-齿条齿扇式转向器

1—转向器壳体；2—推力角接触球轴承；3—转向螺杆；4—转向螺母；5—钢球；6—钢球导管卡；7—U形钢球导管；8—六角头锥形螺塞；9—调整垫片；10—上盖；11—转向柱管总成；12—转向轴；13—转向器侧盖衬垫；14—调整螺钉；15—螺母；16—侧盖；17—孔用弹性挡圈；18—垫片；19—摇臂轴衬套；20—齿扇轴(摇臂轴)；21—油封

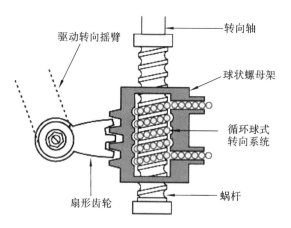

图 16-9 循环球式转向系统工作原理

与齿条相啮合的齿扇,其齿厚是在分度圆上沿齿扇轴线方向按线性关系变化的,故为变厚齿扇。只要使齿扇轴相对于齿条做轴向移动,即能调整二者的啮合间隙。调整螺钉 14 旋装在侧盖 16 上,齿扇轴内侧端部有切槽,调整螺钉的圆柱形端头嵌入此切槽中。将调整螺钉旋入,则齿扇轴右移,啮合间隙减小;反之,则啮合间隙增大。

3. 蜗杆曲柄指销式机械转向系统

蜗杆曲柄指销式转向器是以蜗杆为主动件,曲柄指销为从动件的转向器;转向蜗杆转动时,与之啮合的指销即绕摇臂轴轴线沿圆弧运动,并带动摇臂转动;再通过转向传动机构使转向轮偏转。

图 16-10 所示的为蜗杆曲柄单指销式转向器。

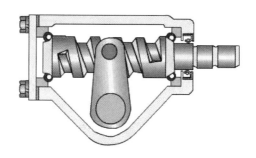

图 16-10 蜗杆曲柄单指销式转向器

图 16-11 所示的为蜗杆曲柄双指销式转向器。具有梯形截面螺纹的转向蜗杆 3 支承于转向器壳体两端的两个推力角接触球轴承 2 和 9 上。转向器下盖 6 上装有调整螺塞 7,用以调整上述两轴承的紧度,调整后用螺母 8 锁紧。蜗杆与两个锥形的指销 13 相啮合。两个指销均用双列圆锥滚子轴承 14 支于摇臂轴 11 内端的曲柄孔中,其中靠指销头部的一列无内座圈滚子直接与指销轴颈接触。指销装在滚动轴承上可以减轻蜗杆和指销的磨损,并提高传动效率。螺母 15 用以调整双列圆锥滚子轴承 14 的紧度,以使指销能自由转动且无明显的轴向间隙为宜。

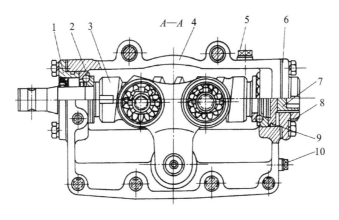

图 16-11 蜗杆曲柄双指销式转向器

1—上盖;2、9—推力角接触球轴承;3—转向蜗杆;4—转向器壳体;5—加油螺塞;6—下盖;7—调整螺塞;8、15、18—螺母;10—放油螺塞;11—摇臂轴;12—油封;13—指销;14—双列圆锥滚子轴承;16—侧盖;17—调整螺钉;19、20—衬套

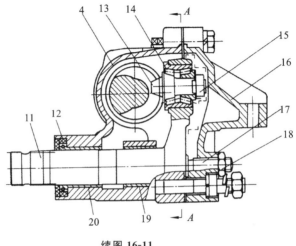

续图 16-11

摇臂轴用衬套 19 和 20 支承在壳体中。指销同蜗杆的啮合间隙用侧盖 16 上的调整螺钉 17 调整，调整后用螺母 18 锁紧。

蜗杆曲柄双指销式转向器在中间及其附近位置时，其两指销均与蜗杆啮合，故每个指销所受载荷较单指销式的要小，因而工作寿命较长。当摇臂轴转角相当大时，一个指销与蜗杆脱离啮合，另一个指销仍保持啮合。因此，双指销式的摇臂轴转角范围较单指销式的大。

四、动力转向系统

1. 机械液压助力转向系统

机械液压助力转向系统如图 16-12 所示。

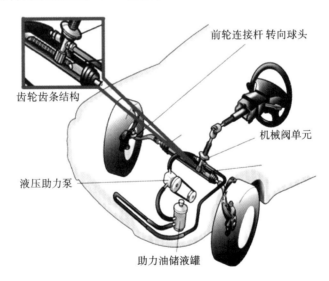

图 16-12 机械液压助力转向系统

当液压助力齿轮齿条式转向器在没有液压辅助的情况下,转向器的工作如图 16-13 所示。在转向盘上施加的扭转力,通过中间轴传递到转向器主动齿轮(转向控制阀齿轮)上,因为主动齿轮轮齿(转向控制阀齿轮轮齿)与齿条轮齿处于啮合状态,将转向盘传递来的扭转力转换成齿条的线形力,使得齿条左右移动。线性力先传递到内、外转向横拉杆,再传递到转向节,转向节扭转车轮方向。

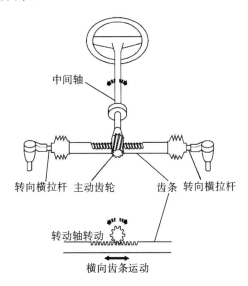

图 16-13　无液压辅助的转向器的工作情况

机械液压助力转向系统是基于机械式的齿轮齿条转向机构发展而来的,它增加了一整套液力系统,如图 16-14 所示,其中包活储液罐、液压泵、与转向柱相连的机械控制阀、转向机构上的液压缸以及能够推动转向拉杆的活塞等,由于为其提供液压的液压泵由发动机通过皮带驱动,因此只有发动机运转,转向泵才能够运转,系统才有助力源。这就是为何在发动机熄火时转动方向盘较沉的原因。

带有液压助力齿轮齿条式的转向器如图 16-15 所示,它是将齿轮齿条式机械转向器与转向动力缸、转向控制阀设计成一体,组成整体式的动力转向器。动力缸活塞与齿条制成一体,将动力缸分成左右两腔。

2. 电子液压助力转向系统

电子液压助力转向系统,其助力原理与机械式液压助力完全相同,而与机械式液压助力最大的区别就是不再使用由发动机通过皮带驱动的液压泵,而是换成了电力驱动的电子泵,如图 16-16 所示。其与机械液压助力最大的区别就是助力源不再直接消耗发动机动力,而是由电机提供。

电子液压助力的优势首先体现在能耗上,如图 16-17 所示。首先由电能驱动的电子泵使用发电机和电池输出的电能,不再消耗发动机本身的动力,电子泵的启动和关闭全部由电子系统控制,在不做转向动作的时候,电子泵关闭,不像机械液压助力泵那样始终与发动机联动,进一步减小能耗。

其次,电子液压助力转向系统的电子控制单元,能够通过对车速传感器、横向加速度传

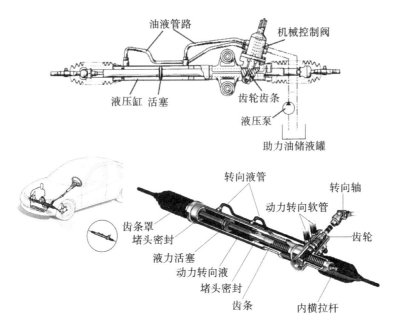

图 16-14　机械液压助力转向系统组成

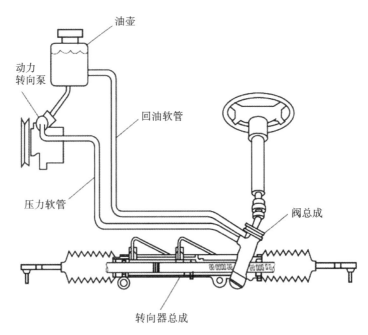

图 16-15　带有液压助力齿轮齿条式的转向器

感器、转向角度传感器等传感器的信息的处理,通过实时改变电子泵的流量来改变转向助力的力度,也就是随速可变助力功能。当然,并不是只有电子液压助力能够实现助力随速可变。

这套系统中的助力泵启动和关闭全部由电控系统控制,在不做转向动作的时候,助力泵

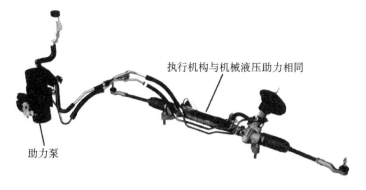

图 16-16 电子液压助力转向系统

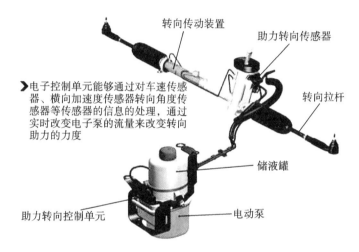

图 16-17 可变助力电子液压助力转向系统

关闭,不像机械液压助力泵那样始终与发动机联动,因此它对于发动机动力的消耗更小。

除了消耗发动机动力更少以外,电子液压助力转向更大的优势在于其可以根据车速传感器、横向加速度传感器、转向角度传感器等传感器中收集的信息,分析后实时改变助力泵助力力度及转向助力力度,也就是车辆在低速行驶、挪车时方向盘更轻,车辆高速时,方向盘更沉。

3. 电动助力转向系统

电动助力转向系统基于齿轮齿条式转向机构而来,只不过助力机构由复杂的液压机构变成依靠电机产生助力的系统。它的特点是抛弃了复杂的液压机构,纯粹依靠电机产生助力。

电动助力转向系统的结构没有了液压泵、储液罐、液压管路和转向柱阀体结构,而是由传感器、控制单元和助力电机构成。

在转向柱位置安装了转矩传感器,当方向盘转动时,转矩传感器探测到转动力矩,并将之转化成电信号传给控制器,车速传感器也同时将信号传给控制器,控制器运算后向电机输出适当的电流,驱动电机转动,电机通过减速机构将扭矩放大推动转向柱或转向拉杆运动,实现助力。

电动助力转向根据作用位置不同主要分为两种结构：一个是对转向柱施加助力；另一个是对转向拉杆施加助力。对转向柱施加助力的电动助力转向系统，电机输出的辅助扭矩直接施加在转向柱上，相当于电机直接帮助转动方向盘（见图16-18）。

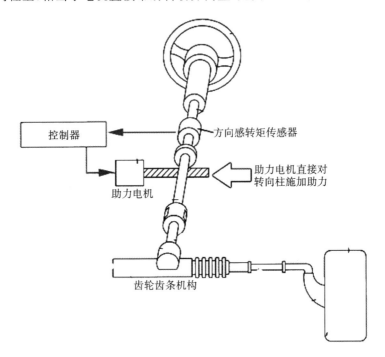

图16-18　转向柱施加助力的电动助力转向系统

如图16-19所示，另一种结构是将助力电机布置在转向机上，直接作用于转向拉杆，用助力电机（带有减速机构，起放大扭矩作用）推动拉杆帮助车轮转向，这种结构更加紧凑，并且便于布置，目前使用比较广泛。

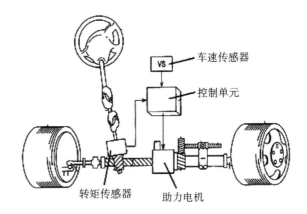

图16-19　对转向拉杆施加助力的电动助力转向系统

4. 线控转向系统

汽车线控转向系统取消了转向盘与转向轮之间的机械连接，完全由电能实现转向，摆脱了传统转向系统的各种限制，不但可以自由设计汽车转向的力传递特性，而且可以设计汽车转向的角传递特性，给汽车转向特性的设计带来无限的空间。

汽车线控转向系统由方向盘总成、转向执行总成和主控制器（ECU）三个主要部分以及自动防故障系统、电源等辅助系统组成，如图16-20所示。

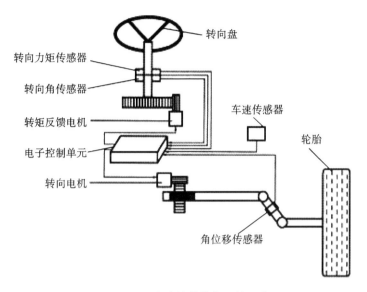

图 16-20　汽车线控转向系统组成

方向盘总成包括方向盘、方向盘转角传感器、力矩传感器、方向盘回正力矩电机。方向盘总成的主要功能是将驾驶员的转向意图（通过测量方向盘转角）转换成数字信号，并传递给主控制器；同时接收主控制器送来的力矩信号，产生方向盘回正力矩，以提供给驾驶员相应的路感信息。转向执行总成由前轮转角传感器、转向执行电机、转向电机控制器和前轮转向组件等组成。转向执行总成的功能是接受主控制器的命令，通过转向电机控制器控制转向车轮转动，实现驾驶员的转向意图（见图16-21）。

主控制器对采集的信号进行分析处理，判别汽车的运动状态，向方向盘回正力矩电机和转向电机发送指令，控制两个电机的工作，保证各种工况下都具有理想的车辆响应，以减少驾驶员对汽车转向特性随车速变化的补偿任务，减轻驾驶员负担。同时控制器还可以对驾驶员的操作指令进行识别，判定在当前状态下驾驶员的转向操作是否合理。当汽车处于非稳定状态或驾驶员发出错误指令时，线控转向系统会将驾驶员错误的转向操作屏蔽，而自动进行稳定控制，使汽车尽快地恢复到稳定状态。

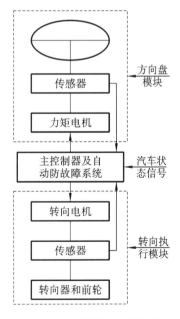

图 16-21　线控转向系统的控制

自动防故障系统是线控转向系统的重要模块,它包括一系列的监控和实施算法,针对不同的故障形式和故障等级做出相应的处理,以求最大限度地保持汽车的正常行驶。作为应用最广泛的交通工具之一,汽车的安全性是必须首先考虑的因素,是一切研究的基础,因而故障的自动检测和自动处理是线控转向系统最重要的组成系统之一。它采用严密的故障检测和处理逻辑,以更大限度地提高汽车安全性能。

电源系统承担着控制器、两个执行马达以及其他车用电器的供电任务,其中仅前轮转角执行马达的最大功率就有 500~800 W,加上汽车上的其他电子设备,电源的负担已经相当沉重。

17 液压动力转向操纵机构的作用和组成

 提示

考点是液压动力转向操纵机构的作用和组成,只是液压动力转向操纵机构不要与其他类型的转向操纵机构混淆;液压动力转向操纵机构各组成部分的作用也要掌握。

 考核要点

(1) 液压动力转向操纵机构的组成和作用。
(2) 液压动力转向操纵机构中转向盘(方向盘)、转向柱管和转向轴、转向传动轴、上万向节和下万向节的组成和作用。

上述内容可转变的考核题型有单项选择题、判断题、综合题中的综述题、填图题。

 知识点

如图 17-1 所示,转向操纵机构是驾驶员操纵转向器工作的装置,它由转向盘(方向盘)、转向柱管、转向传动轴等组成。

如图 17-2 所示,液压动力转向操纵机构具体由转向盘(方向盘)、转向柱管、转向轴、上万向节、下万向节和转向传动轴等组成。液压动力转向操纵机构的作用是将驾驶员作用在转向盘上的力传递到转向器。

一、转向盘(方向盘)

转向盘的功能是将驾驶员作用到转向盘边缘上的力转变为转矩后传递给转向轴。

如图 17-3 所示,转向盘由轮圈、轮辐和轮毂组成。转向盘轮毂的细牙内花键与转向轴连接,转向盘上都装有喇叭按钮,轿车的转向盘上还装有车速控制开关和安全气囊。转向盘在

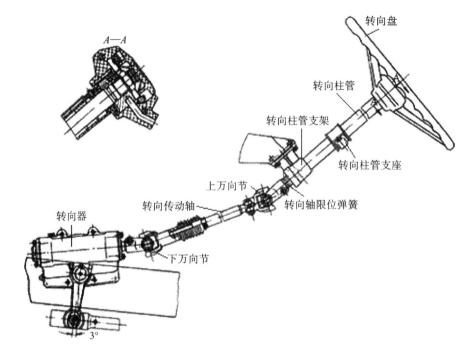

图 17-1 转向操纵机构

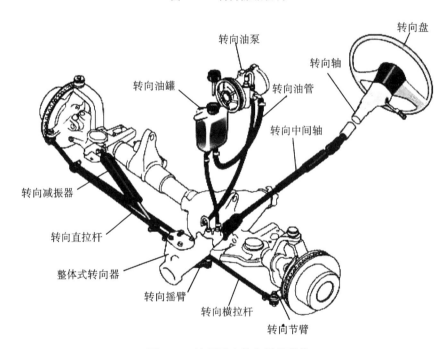

图 17-2 液压动力转向操纵机构

满足转向刚性要求的前提下,尽量降低驾驶员的碰撞刚度,其骨架能产生变形,以吸收冲击能量,减轻驾驶员的受伤程度;同时使转向盘的塑胶覆盖层尽量软化,以降低其表面接触刚度。

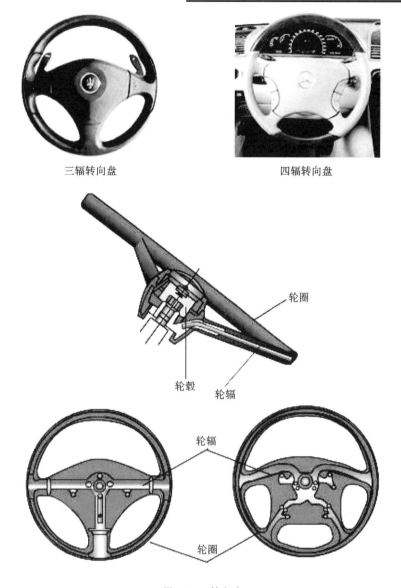

图 17-3 转向盘

为适应不同驾驶者的身材与驾驶位置特点的需要,许多汽车的转向轴除了装有柔性万向节外,有的还装有能改变方向盘工作角度(转向轴的传动方向)和方向盘高度(转向轴轴向长度)的可伸缩的倾斜方向盘装置(见图17-4),具有调整角度和远近的功能,以适应不同体型驾驶者的操纵。

二、转向柱管和转向轴

如图 17-5 所示,转向柱管依靠其支座固定在车身上,转向柱管内有轴承和衬套,用于支承转向轴,转向轴从转向柱管中穿过,支承在柱管内的轴承和衬套上。图 17-6 所示的为转向柱管和转向轴总成实物。

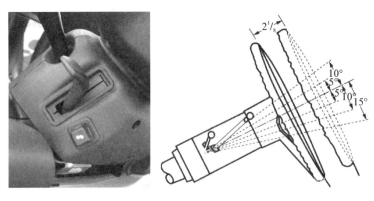

图 17-4 伸缩、倾斜方向盘

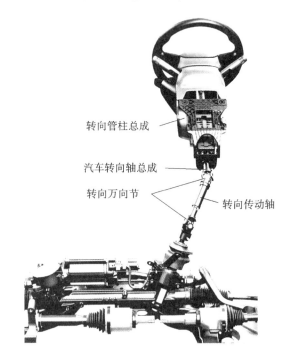

图 17-5 转向柱管和转向轴总成

图 17-6 转向柱管和转向轴总成实物

转向轴的功用是将驾驶员作用于转向盘的转向力矩传递给转向器,它的上部与转向盘固定连接,下部与转向器相连。转向轴不但具有一定的刚度,还是能够缓和冲击的吸能装置,起到防伤作用。

轿车除要求装有吸能式转向盘外,还要求转向柱管必须装备能够缓和冲击的吸能装置。转向轴和转向柱管吸能装置的基本工作原理是:当转向轴受到巨大冲击而产生轴向位移时,通过转向柱管或支架产生塑性变形、转向轴产生错位等方式,吸收冲击能量。

(1) 转向轴错位缓冲。

图 17-7 是轿车的转向管柱结构图。从图 17-7 可以看出,上、下转向轴是错位连接的,并且连接的柱销强度较低。当发生碰撞时,柱销折断,上下转向轴分离,下转向轴向车内运动时不会带动上转向轴运动,从而避免了方向盘挤压人体。

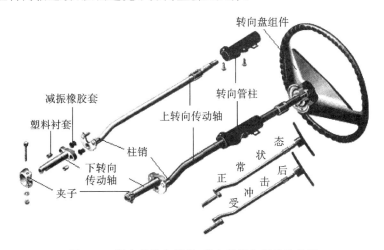

图 17-7　轿车的转向管柱、转向轴错位缓冲结构图

(2) 转向轴错位和支架变形缓冲。

发生碰撞时,转向器向后移动,下转向传动轴插入上转向传动轴的孔中,上转向传动轴被压扁,吸收了冲击能量。此外,转向柱管通过支架和 U 形金属板固定在仪表板上。当驾驶员身体撞击转向盘后,转向管柱和支架将从仪表板上脱离下来向前移动。这时,一端固定在仪表板上而另一端固定在支架上的 U 形金属板就会产生扭曲变形并吸收冲击能量(见图 17-8)。

(3) 转向柱管变形吸收冲击能量并缓冲。

如图 17-9 所示,如果汽车上装了网格状或波纹管式转向柱管吸能装置,当发生猛烈撞车导致人体冲撞转向盘时,网格部分或波纹管部分将被压缩产生塑性变形,吸收冲击能量。

三、转向传动轴、上万向节和下万向节

如图 17-10 所示,转向传动轴上端连接转向轴,下方连接转向器,将方向盘传来的转矩和动力传递给转向器。转向轴与转向器的连接方式有两种:一种是与转向器的输入轴直接连接;另一种是通过十字轴万向节或者挠性万向节间接与转向器的输入轴相连接,同时也是为

了远距离操纵。

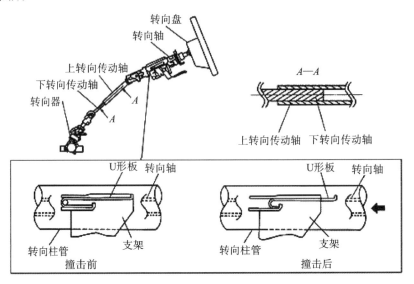

图 17-8　轿车转向柱管吸能装置

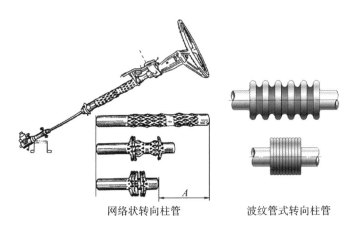

图 17-9　网格状或波纹管式转向柱管吸能装置

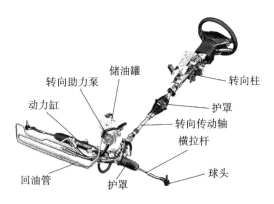

图 17-10　转向传动轴在转向系统中的位置

汽车主要采用第二种连接方式,因为汽车多是将转向器与转向盘的轴线布置得相交成一定角度,甚至处于不同平面内。为此,转向操纵机构采用了万向传动装置(见图17-11),在转向传动轴两端制有万向节,分别与转向轴和转向器连接,实现变角度转矩和动力的传递。若采用挠性万向节间接连接,则可以有效地阻止路面对轮胎的冲击经过转向器传到转向盘,从而可以显著地减轻转向盘上的冲击和振动。

图 17-11 转向传动轴万向传动装置

在转向传动轴中还制有伸缩节,它使转向传动轴的有效长度可以伸缩,以适应由于车辆振动,转向器与转向轴之间的伸曲。转向传动轴中的伸缩节以波纹伸缩节和套筒伸缩节较为常用。图 17-12 所示的是伸缩节卡箍,伸缩节里面是键槽结构,这个卡箍的作用是防止外层过度扩大,造成转向失控。

图 17-12 伸缩节卡箍

18 液压制动系统的功用、组成和分类

 提示

制动系统包括供能装置、控制装置、传动装置和制动器,它们分别包括哪些零部件?

汽车液压制动系统按液压回路分类,其布置方式较多,也较复杂,可以通过画各种类型液压制动系统的液压回路来记忆;运用较多的前后独立布置方式(一轴对一轴 Ⅱ 型)和交叉布置方式(交叉 X 型)的组成部件较多,不可疏漏。

 考核要点

(1) 汽车液压制动系统的功用。
(2) 汽车液压制动系统中供能装置、控制装置、传动装置和制动器的组成。
(3) 汽车液压制动系统按液压回路的分类;单管路液压制动装置的组成;双管路液压制动装置的类型;双管路前后独立和双管路交叉布置方式。

上述内容可转变的考核题型有单项选择题、判断题、综合题中的综述题、填图题。

 知识点

一、汽车制动系统的功用

汽车制动系统是安全行车的保障。制动系统的作用是根据需要使汽车减速或在最短的距离内停车,以确保行车安全,并保障汽车停放可靠不会自动滑移。

二、汽车制动系统的组成

汽车上设置有彼此独立的制动系统,它们起作用的时刻不一样,但它们的组成却是相似

的。制动系统的基本组成部分有供能装置、控制装置、传动装置、制动器,如图18-1所示。

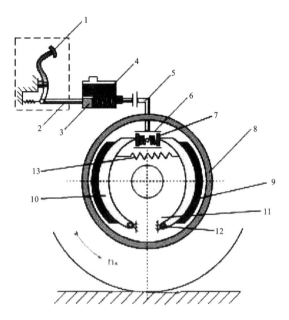

图 18-1 制动系统组成示意图

1—制动踏板;2—主缸推杆;3—主缸活塞;4—制动主缸;5—油管;6—制动轮缸;
7—轮缸活塞;8—制动鼓;9—摩擦片;10—制动蹄;11—制动底板;12—支承销;13—制动蹄复位弹簧

(1) 供能装置:包括供给、调节制动所需能量以及改善传动介质状态的各种部件。
(2) 控制装置:产生制动动作和控制制动效果的各种部件,如制动踏板。
(3) 传动装置:包括将制动能量传输到制动器的各个部件,主要由制动踏板、推杆、制动主缸、制动轮缸和油管路组成。
(4) 制动器:产生阻碍车辆运动或运动趋势的部件,其中也包括辅助制动系统中的缓速装置,主要由旋转部分、固定部分和调整机构组成。旋转部分是制动鼓;固定部分包括制动蹄和制动底板;调整机构由偏心支承销等组成,用于调整蹄鼓间隙。

较完善的制动系统还装有制动力调节装置、报警装置、压力保护装置等附加装置。

如图18-2所示,一般轿车的液压制动系统主要由制动踏板、真空助力泵、制动总泵(也称为制动主缸)、制动液(也称为刹车油)、制动油管、ABS泵总成、制动分泵(也称为制动轮缸)和车轮制动器组成。

三、汽车液压制动系统的分类

1. 制动系统

靠液压形式的势能进行制动的系统称为动力制动系统;按液压回路的多少分为单管路制动系统和双管路制动系统。

1) 单管路液压制动装置

单管路液压制动装置是利用一个制动主缸,通过一套相互连通的管路,控制全车车轮制

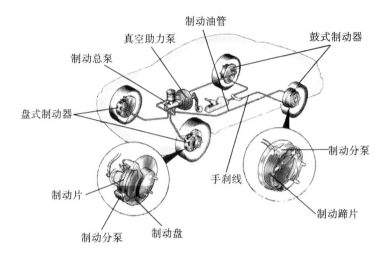

图 18-2　轿车的液压制动系统的组成

动器,如图 18-3 所示。其装置由制动踏板、推杆、制动主缸、储液室、制动轮缸、油管等组成。单管路液压制动装置的任何一处漏油,则整个系统失效。因该装置可靠性差,现在汽车上已很少采用。

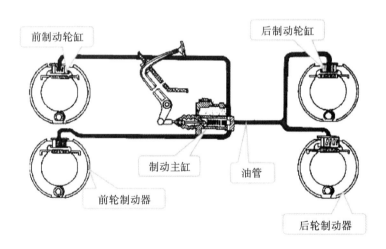

图 18-3　单管路液压制动系统示意图

2)双管路液压制动装置

双管路液压制动系统在各类汽车上有多种布置方案,如图 18-4 所示。

(1)一轴对一轴(II)型:前轴(桥)制动器与后轴(桥)制动器各有一套管路。

(2)交叉(X)型:一轴的一侧车轮制动器与另一轴对角车轮制动器同属一套管路。

(3)一轴对半轴(HI)型:每侧前轮制动器的半数轮缸和全部后轮制动器轮缸同属一套管路,其余的前轮轮缸则属于另一套管路。

(4)半轴一轮对半轴一轮(LL)型:两侧前轮制动器的半数轮缸和一个后轮制动器分别属于相互独立的两套管路。

(5)双半轴对双半轴(HH)型:前、后轮制动器的半数轮缸分别属于相互独立的两套

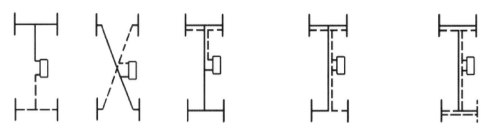

(a) 一轴对一轴（Ⅱ）型 (b) 交叉（X）型 (c) 一轴半对半轴（HI）型 (d) 半轴一轮对半轴一轮（LL）型 (e) 双半轴对双半轴（HH）型

图 18-4　双管路液压制动系统的布置方案

管路。

在以上布置方案中，HI 型、LL 型、HH 型较为复杂，在汽车上应用较少；Ⅱ 型、X 型由于优点较多而被广泛应用。

2. 广泛应用的布置方案

广泛应用的双管路液压制动装置布置形式有前后独立布置方式（一轴对一轴 Ⅱ 型）和交叉布置方式（交叉 X 型）。

1）双管路前后独立布置方式

双管路前后独立液压制动装置是按车桥控制的，就是两个车桥各有一套控制管路，如图 18-5 所示。其装置由制动踏板、推杆、双腔制动主缸、储液室、制动轮缸、油管等组成。该布置方案最为简单，可与单轮缸鼓式制动器配合使用，在发动机前置、后轮驱动的汽车上得到广泛应用；其缺点是当一套管路失效时，前后桥制动力分配关系被破坏。

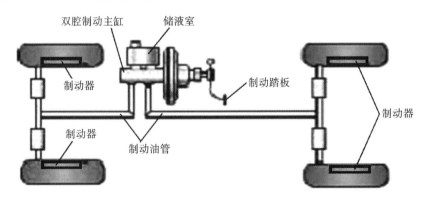

图 18-5　双管路前后独立液压制动示意图

制动时，踩下制动踏板，双腔制动主缸的推杆推动主缸前后活塞使主缸前后腔油压升高，制动液分别流至前、后车轮制动轮缸，迫使轮缸的活塞在油压力作用下外移，推动制动蹄张开产生制动。当松开制动踏板时，制动蹄和轮缸活塞在回位弹簧作用下回位，使制动液回至制动主缸，使汽车解除制动。

制动缸各管路分别控制前桥和后桥上的车轮制动器。当其中的一套管路失效时，另一套管路仍然有一定的制动效能，但前后桥制动力分配比例值被破坏，造成附着力利用率降低，使制动效能低于 50%。

2）双管路交叉布置方式

双管路交叉方式液压制动装置就是通过两套管路分别控制前、后桥制动器中的一个制动轮缸，如图 18-6 所示，该布置方案中任一管路失效时，剩余的总制动力都能保持管路正常时总制动力的一半，而且前后桥制动力分配关系不发生改变，有利于提高制动稳定性。该布置方案多用于发动机前置、前轮驱动的轿车上。

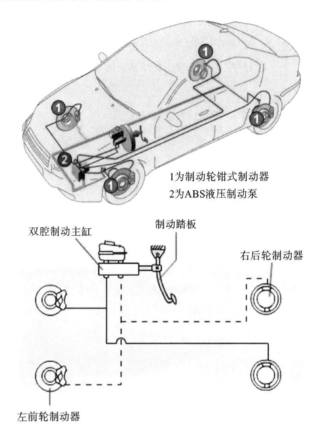

图 18-6 双管路交叉方式液压制动示意图

汽车制动时，如果其中一管路失效，剩余的总制动力仍能保持正常值的 50%，即使正常工作管路中的制动器抱死侧滑，失效管路中未被制动的车轮仍能传递侧向力，前后轮制动力分配达到 3.36∶1。当汽车在高速状态下制动时，均能确保后轮不抱死，或者前轮比后轮先抱死，避免制动时后轮失去侧向附着力，导致汽车失控，如图 18-7 所示。

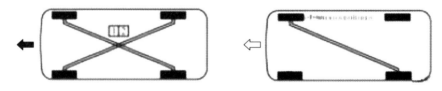

图 18-7 双管路交叉方式一管路失效

19

盘式制动器和鼓式制动器的类型、组成、作用及其工作原理

 提示

盘式制动器和鼓式制动器有多种类型,这些类型的制动器的组成、作用及其工作原理都要掌握。

 考核要点

(1) 非平衡式、平衡式(单向助势、双向助势)和自动增力式三种鼓式车轮制动器的结构与工作原理。

(2) 固定夹钳式、浮动夹钳式、全盘式三种盘式车轮制动器的组成、作用与工作原理。

上述内容可转变的考核题型有单项选择题、判断题、综合题中的综述题、填图题。

 知识点

根据车轮制动器摩擦副中的旋转元件的结构,汽车上采用的车轮制动器可分为鼓式车轮制动器和盘式车轮制动器两类。

一、鼓式车轮制动器

鼓式车轮制动器是制动蹄片挤压随车轮同步旋转的制动鼓的内侧而获得制动力,所以又称内部扩张双蹄鼓式制动器,如图 19-1 所示。

根据制动时两制动蹄对制动鼓径向力的平衡状况,鼓式车轮制动器又分为非平衡式、平衡式(单向助势、双向助势)和自动增力式三种。

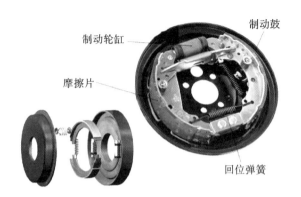

图 19-1 鼓式车轮制动器结构

1) 非平衡式车轮制动器

如图 19-2 所示,制动底板用螺栓固定在后桥壳的凸缘上(前桥在转向节凸缘上)不能转动;其上部装有制动轮缸或凸轮,下端装有两个偏心支承销。制动蹄下端圆孔活套在偏心支承销上,上端嵌入制动轮缸活塞凹槽中或顶靠在凸轮上;两制动蹄通过回位弹簧紧压住轮缸活塞或凸轮;制动鼓与轮毂连接并随着车轮同步旋转。

当踩下制动踏板制动时,脚的施力使制动总泵内的活塞将制动液往前推去并在油路中产生压力。压力经由制动液传送到每个车轮的制动轮缸活塞,制动轮缸的活塞再推动制动蹄向外,使制动蹄与制动鼓的内面发生摩擦,并产生足够的摩擦力去降低车轮的转速,以达到制动的目的。当解除制动力时,液压系统的液压压力下降,在回位弹簧的作用下,制动轮缸活塞回位,制动蹄与制动鼓分离,两者间的摩擦力消失。

2) 平衡式车轮制动器

为提高制动效能,将前、后制动蹄均设计为助势的制动器称为平衡式车轮制动器。当只在前进制动时,两蹄均为助势蹄;当倒车制动时,两蹄均为减势蹄,则称为单向助势平衡式车轮制动器。当在前进和倒车制动时,两蹄都为助势蹄,则称为双向助势平衡式车轮制动器。

(1) 单向助势平衡式车轮制动器的结构如图 19-3 所示。从图 19-3 可以看出,两制动蹄各用一个单向活塞制动轮缸,且前后制动蹄与其轮缸等部件在制动鼓上的布置都是中心对称的。两轮缸用油管连接,缸内油压相等。当汽车前进制动时,两制动蹄都是助势蹄;当汽车倒车时,两蹄又都是减势蹄,导致前进制动效能提高,倒车制动效能降低。所以,单向助势平衡式车轮制动器用于前轮制动,后轮仍采用非平衡式制动器。

(2) 双向助势平衡式车轮制动器的结构如图 19-4 所示,制动底板上所有固定元件、制动蹄、制动轮缸、回位弹簧等都是成对地对称布置,两制动蹄的两端采用浮式支承,且支点在周向位置浮动,用回位弹簧拉紧。

当汽车前进制动时,上、下轮缸活塞在油压的作用下张开,将两个制动蹄压靠在制动鼓上。在摩擦力矩的作用下,两蹄都随车轮旋转方向转动,从而使两轮缸活塞其中的各一对称端支座推回(即图 19-5(a)中的 a 端),直至顶靠着轮缸端面为止,达到刚性接触,于是两蹄便以此支座为支点均在助势下工作。同理,当倒车制动时,车轮旋转方向发生改变,如图 19-5

19 盘式制动器和鼓式制动器的类型、组成、作用及其工作原理

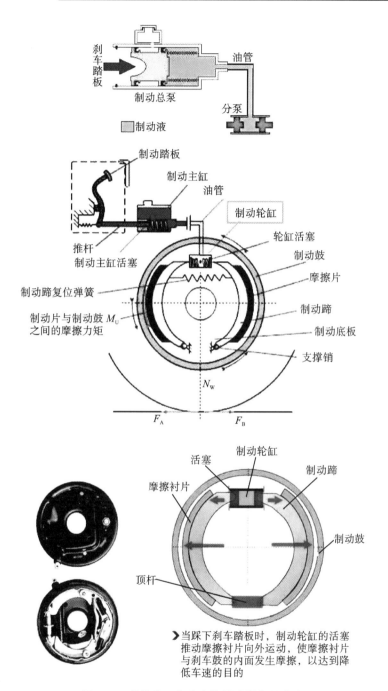

图 19-2 简单非平衡式车轮制动器的制动蹄

(b)所示,迫使两轮缸的另一端(即图 19-5(b)中的 b 端)支座成为制动蹄支点,两蹄同样均为助势蹄,产生与前进制动时完全一样的制动效能。由此可见,双向助势平衡式车轮制动器,不论前进或倒车制动时,两蹄均为助势蹄。

(3) 自动增力式车轮制动器:自动增力式车轮制动器增力原理是将两蹄用推杆浮动铰

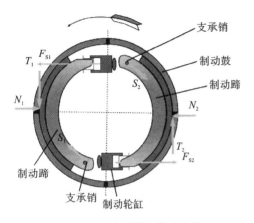

图 19-3 单向助势平衡式车轮
制动器结构示意图

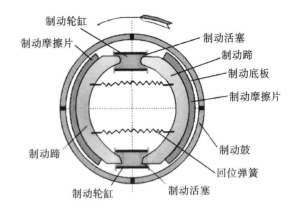

图 19-4 双向助势平衡式车轮
制动器结构示意图

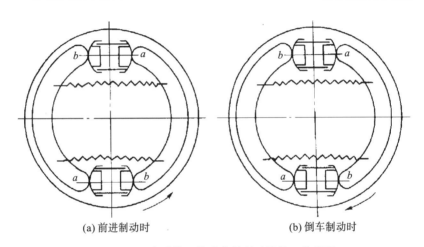

图 19-5 双向助势平衡式车轮制动器的工作情况

接,利用传力机件的张力使两蹄产生助势作用。另外,还充分利用前蹄的助势作用推动后蹄,使总的摩擦力矩进一步增大,即为"增力"。

自动增力式车轮制动器也有单向和双向两种形式,如图 19-6 所示。

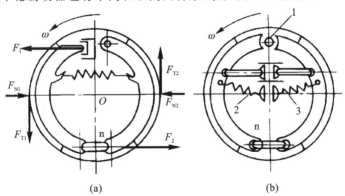

图 19-6 自动增力式车轮制动器示意图

图 19-6(a)为单向自动增力式车轮制动器示意图。它的两蹄下端都没有固定支点,而是插在连杆 n 两端开口的直槽底面上,形成活动连接。后蹄上端固定在支承销上,前蹄上端在回位弹簧作用下,紧压在轮缸活塞上。当汽车前进制动时,制动缸内的活塞克服回位弹簧的弹力,将前蹄推出,使其压紧在制动鼓上。由于摩擦力的作用,前蹄沿制动鼓旋转方向转过一个角度,通过连杆 n,以后蹄上端为支点,又推动后蹄压紧在制动鼓上,进一步增强摩擦力,加大制动力。此时两蹄均为助势蹄,制动效能较高。当倒车制动时,前蹄为减势蹄,它压紧在制动鼓上的力矩减小,使后蹄不起作用,制动效果变差,故称为单向自动增力式车轮制动器。

若将上述活塞轮缸改为双活塞轮缸(见图 19-6(b)),此时两蹄上、下端都没有固定支点,其上端浮靠在蹄销上,下端仍采用连接杆 n 浮动连接,并用回位弹簧拉紧。当汽车在前进制动时,前蹄下端经过连接杆 n 推压后蹄,后蹄上端抵在支承销上,产生自动增力作用。倒车制动时情况相反,但制动效果一样,故称双向自动增力式车轮制动器。

二、盘式车轮制动器

盘式车轮制动器是由摩擦衬块从两侧夹紧与车轮共同旋转的制动盘后而产生制动效能。常见的有钳盘式和全盘式两种。在这两种制动器中,旋转元件都是以端面为工作面的金属圆盘,该盘称为制动盘。不动的摩擦元件则各不相同,在钳盘式制动器中,不动的摩擦元件是位于制动盘两侧的一对或几对面积不大的带摩擦衬片的制动片;在全盘式制动器中,不动的摩擦元件是端面上带有摩擦衬片的钢制圆盘。

1. 钳盘式车轮制动器的类型、组成与工作原理

钳盘式车轮制动器按其结构形式,可分为固定夹钳式和浮动夹钳式两种。
1)固定夹钳式车轮制动器组成与工作原理

固定夹钳式车轮制动器的组成如图 19-7 所示。跨置在制动盘上的制动钳体固定安装在车桥上,它既不能旋转也不能沿制动盘轴线方向移动,其内的两个活塞分别位于制动盘两侧。制动时,制动油液由制动主缸(制动总泵)经进油口进入钳体中两个相通的液压腔中(相当于制动轮缸),将两侧的制动块压向与车轮固定连接的制动盘,从而产生制动力。

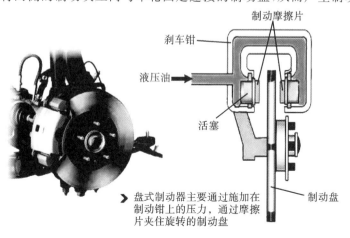

图 19-7 固定夹钳式车轮制动器基本组成及工作原理

制动盘伸入制动钳的两个制动块之间。由摩擦块和钢制背板铆合或粘接而成的制动块通过两根制动块导向销旋装在钳体上，并可沿导向销移动。内、外两侧钳体各有一个液压缸缸体，其中各有一个活塞，油缸壁上有梯形截面环槽，其中嵌入矩形截面的活塞密封圈。内、外侧钳体的前部有油道将两侧油缸接通，内侧油缸的油道中装有放气阀。

制动时，制动液被压入内、外两侧油缸中，两活塞在液压作用下移向制动盘，并将制动块压靠到制动盘上，产生摩擦力矩。油缸活塞与制动块之间通过消声片来传力，可以减轻制动时产生的噪声。在活塞移动过程中，矩形橡胶密封圈的刃边在活塞摩擦力的作用下随活塞移动而产生微量的弹性变形。

解除制动时，活塞和制动块依靠密封圈的弹力和回位弹簧的弹力回位。由于矩形密封圈的刃边变形量很小，在不制动时，制动块摩擦片与制动盘之间的间隙每边都只有 0.1 mm 左右，以保证接触制动。

制动盘受热膨胀时，厚度只有微量的变化，故不会发生"拖滞"现象。但盘式制动器不能使用受热易膨胀的醇类制动液，应使用特制的合成型制动液。制动块摩擦片与制动盘的间隙因磨损加大，制动时活塞密封圈变形达到极限后，活塞仍可在液压作用下，克服密封圈的摩擦力继续移动，直到摩擦片压紧制动盘为止。但制动接触时，矩形密封圈将活塞推回的距离与摩擦片磨损之前的距离是相同的，即摩擦片与制动盘之间间隙仍保持标准值。

由此可见，矩形密封圈能兼起活塞回位弹簧和自动调整制动器间隙的作用。

固定夹钳式制动器中的油缸的结构和制造工艺与一般制动轮缸的相近，但是这种制动器存在以下缺点：油缸较多，使制动钳结构复杂，油缸分置于制动盘两侧，必须用跨越制动盘的钳内油槽或外部油管来连通，这使得制动钳的尺寸过大，难以安装在轮毂内；热负荷大时，油缸（特别是外侧油缸）和跨越制动盘的油管或油道中的制动液容易受热汽化；若兼用于驻车制动，则必须加装一个机械促动的驻车制动钳。这些缺点使得固定夹钳式制动器难以适应现代汽车的使用要求，而逐渐让位于浮钳盘式制动器。

2）浮动夹钳式车轮制动器组成与工作原理

图 19-8 所示的为浮动夹钳式车轮制动器组成，它与固定夹钳式制动器的不同之处在于：制动钳体可相对于制动盘轴向滑动，制动油缸只装在制动盘的内侧，数目为固定夹钳式制动器的一半，而外侧的制动块则固装在钳体上。制动时液压作用力推动活塞，使内侧制动块压靠制动盘，同时钳体上受到的反力使钳体连同固装在其上的外侧制动块靠到制动盘的另一侧上，直到两侧制动块受力均等为止。

当踩下制动踏板制动时，来自制动总泵的液压油通过进油口进入制动油缸，推动活塞及其上的制动块向右移动，把制动钳内的摩擦衬块压向制动盘。

同时，制动油缸内也受到同样的液压，于是制动盘给活塞一个向左的反作用力，使得活塞连同制动钳体整体沿滑销向左移动，直到制动盘右侧的制动块也压到制动盘上。此时，两侧的制动块都压在制动盘上，夹住制动盘迫使制动盘停止转动。

放松制动踏板，制动油缸内的液压消失，被推压在活塞上的橡胶环开始回到原来位置，把活塞退回原位。这样使活塞随橡胶弹性变形而复位，而制动摩擦衬块与制动盘之间仍保持原有的间隙。

车轮制动钳壳体用螺栓与制动钳支架相连，螺栓同时兼作导向滑销，支架固定在前悬架

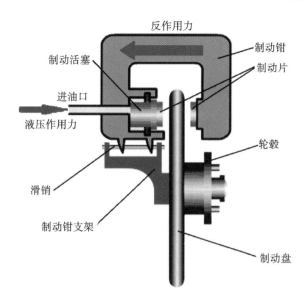

图19-8　浮动夹钳式车轮制动器组成及工作原理

的轴承座凸缘上。壳体可沿导向滑销与制动钳支架做轴向相对移动。内外摩擦块装在支架上,用摩擦块止动弹簧卡住,使内、外摩擦块可以在支架上做轴向移动,但不会上下窜动。制动盘装在内、外摩擦块之间,并通过轮胎螺栓固定在前轮毂上。内、外摩擦衬块是由无石棉金属材料制成的,与钢制背板牢牢钻合在一起组成了内、外摩擦块。

当制动时,活塞在制动液压力作用下,推动内摩擦块压向制动盘侧面,制动钳则将摩擦块压向制动盘外侧面,于是内、外摩擦块将制动盘的两侧面紧紧夹住,从而实现制动。活塞密封圈在活塞移动时产生变形,解除制动时便恢复原状,使活塞回位。

浮动夹钳式车轮制动器的制动间隙是由轮缸活塞上的橡胶密封圈实现的。当制动时,橡胶密封圈变形;当解除制动时,轮缸活塞即在密封圈的弹性作用下回到原位。如果间隙过大,密封圈和活塞之间便会产生相对位移,可自动调整制动间隙。

按工作过程的不同,制动器的间隙自动调整装置分为阶跃式和一次调准式两种。前者在安装到汽车上后,要进行多次制动动作后才能消除所积累的过量间隙;后者装到汽车上后,只要经过一次完全制动,即可以使制动器间隙调到设定值。它是利用密封圈的弹性变形来实现的,矩形密封圈嵌在制动钳油缸的矩形槽内,密封圈内圆与活塞外圆配合较紧,制动时活塞被压向制动盘,密封圈发生弹性变形,解除制动时密封圈恢复原状,于是将活塞拉回原位。当制动盘与摩擦衬块磨损后引起的制动间隙增大超过活塞的设置行程时,活塞在制动液压力作用下克服密封圈的摩擦阻力而继续前移,直到完全制动为止。活塞与密封圈之间这一不可恢复的相对位移便补偿了过量间隙,这是盘式制动使用的最简单的间隙自动调整方式。

2. 全盘式车轮制动器的组成与工作原理

全盘式车轮制动器分为双片自动增力式和多片自动增力式两种。

全盘式制动器的制动器摩擦副的固定元件和旋转元件都是圆盘形的,分别称为固定盘和旋转盘,其工作原理与摩擦离合器的相似。全盘式制动器的制动盘两侧的制动钳都装有油缸,制动时由两侧的活塞挤压摩擦衬块。如图 19-9 所示,由于制动钳的横向尺寸较大,只能安装在宽车轮上,具有更大的制动力,一般安装在重型或超重型汽车上。

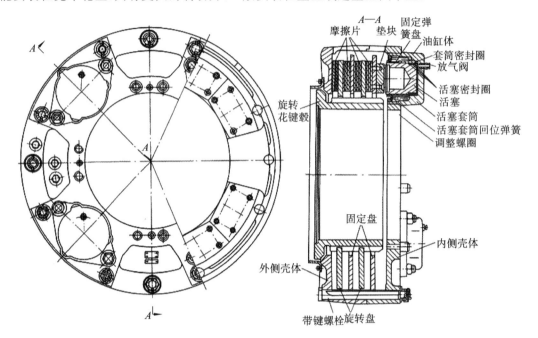

图 19-9　全盘式车轮制动器结构图

当制动时,油液被压入内、外两轮缸中,其活塞在高压液压作用下将两制动块压紧制动盘,压缩回位弹簧将所有的固定盘和旋转盘都推向外侧壳体,各盘相互压紧产生摩擦力距而制动。此时,轮缸槽中的矩形橡胶密封圈的刃边在活塞摩擦力的作用下产生微量的弹性变形。放松制动时,活塞和制动块依靠密封圈的弹力和回位弹簧的弹力回位。由于矩形密封圈刃边变形很微小,在不制动时,摩擦片与盘之间的间隙每边只有 0.1 mm 左右,它足以保证制动的解除。如因制动盘受热膨胀时,其厚度只有微量的变化,故不会发生"拖滞"现象。矩形橡胶密封圈除起密封作用外,同时还起到活塞回位和自动调整间隙的作用。如果制动块的摩擦片与盘的间隙磨损加大,制动时密封圈变形达到极限后,活塞仍可继续移动,直到摩擦片压紧制动盘为止。解除制动后,矩形橡胶密封圈将活塞推回的距离与磨损之前的距离相同,仍保持标准值。

20 机械式驻车制动器的作用和组成

 提示

考点是机械式驻车制动器的作用和组成,而机械式驻车制动器有许多类型,各种类型的机械式驻车制动器的组成都要掌握。

 考核要点

（1）驻车制动系统的作用及主要组成部分。
（2）驻车制动器的类型。
（3）驻车制动器操纵及控制类型。
（4）驻车制动器的类型；盘式集成式驻车制动器、鼓式集成式驻车制动器、盘鼓结合式制动器、双卡钳式制动器、中央驻车制动器（鼓式中央驻车制动器、盘式中央驻车制动器）、弹簧蓄能式驻车制动器的组成。

上述内容可转变的考核题型有单项选择题、判断题、综合题中的综述题、填图题。

 知识点

一、驻车制动系统的作用及主要组成部分

驻车制动系统的作用是：使汽车停放可靠不致自动滑溜；便于汽车在坡道上起步；行车制动系统失效后临时使用或配合行车制动系统进行紧急制动。

驻车制动系统一般由制动操纵机构和制动器两个主要部分组成。

二、驻车制动器的类型

驻车制动器按其安装位置,可分为中央制动式和车轮制动式两种。中央制动式通常安装在变速器的后面与中间传动轴之间,驻车时将中间传动轴前部锁住,其制动力矩作用在传动轴上。车轮制动式通常与车轮制动器共用一个制动器总成,只是传动机构是相互独立的,因为其结构简单紧凑,已在轿车上得到普遍应用。

驻车制动器按控制方式,可分为机械控制式驻车制动器和电子控制式驻车制动器。

驻车制动器按操纵方式,可分为手操纵式驻车制动器、脚踏式驻车制动器和电子驻车三种。

三、驻车制动器操纵及控制类型

1. 传统式驻车制动——"手操纵"

如图 20-1 所示,传统式的"手操纵"的操纵手柄一般安装在换挡杆附近,直接拉起即可起作用;按住手柄端部的按钮稍微向上一提,然后推回原位即可释放"手刹"。

图 20-1　传统式"手操纵"手柄

以下是几种传统式手操纵手柄造型(见图 20-2、图 20-3),看上去很时尚。

2. 脚踏式驻车制动

脚踏式驻车制动是用脚来操纵的驻车制动,多见于自动挡车型,如图 20-4 所示。

传统式"手操纵"手柄用手来操纵,操纵力小于 200 N(相当于 20 公斤力),往往会因为用力太小而使驻车制动力不足,发生溜车现象。脚踏式驻车制动很好地解决了这一问题。自动挡车型的左脚位置多了一个踏板,那就是脚踏式驻车制动踏板。

操纵脚踏式驻车制动时,左脚一脚将踏板踩到底,即可起效;左脚再用力一踩,然后松开,即可释放脚刹。当然还有其他方式,如脚踏式驻车制动需要手动辅助释放:在方向盘的左下侧有一个把手,用手一拉,即可释放脚踏式驻车制动(见图 20-5)。

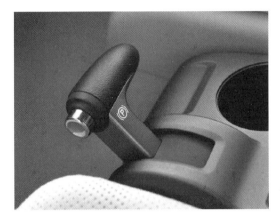

图 20-2 T 字形"手操纵"手柄

图 20-3 飞机式"手操纵"手柄

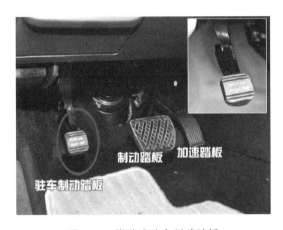

图 20-4 脚踏式驻车制动踏板

图 20-5 脚踏式驻车制动手动辅助释放

3. 电子驻车制动

电子驻车制动（AUTOHOLD）只需要按一下驻车键，而释放驻车制动只需要再按一下，如图 20-6 所示。

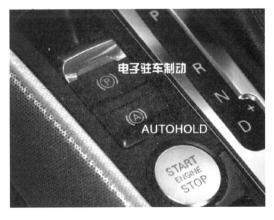

图 20-6 电子驻车制动带 AUTOHOLD 功能

4. 手柄式驻车制动

以上三种驻车制动都只适用于质量很轻的乘用车和少数轻型商用车上。最大总质量超过 7 t 的车辆就无法直接用人力或者电力去完成驻车制动了。大于 7 t 的车子大都使用气压动力制动系统,所以其驻车制动操纵方式也有所差别。

图 20-7　重型卡车驻车制动操纵手柄

气压动力制动系统的驻车制动是使用一个手柄(见图 20-7)来操作的,这个手柄不需要什么操纵力,轻轻拉动一下即可完成驻车;向上一提手柄,推回原位即可释放驻车制动。而这个手柄的位置也比较自由,有的在司机左手边,有的在右手边,有的在仪表台上,有的在座椅旁边。

前两种驻车制动操纵形式都是靠纯人力的,力的传递靠的是软轴(俗称钢丝拉线、拉索、拉丝),软轴只能完成两个传动动作:拉、推。由于"拉"的效率更高,所以"拉"的动作用于使驻车制动起效,推的动作用于释放驻车制动,因为"推"的动作效率低,所以一般使用回位弹簧在软轴另一端"拉"以便快速、彻底回位。

四、驻车制动器的类型及组成

1. 盘式集成式驻车制动器

现在大多数乘用车都采用了四轮盘式制动器,其驻车制动直接集成在两个后轮的盘式制动器上,如图 20-8 所示。

图 20-8　盘式集成式驻车制动器

盘式集成式驻车制动器可以在制动卡钳活塞后部看到驻车制动软轴、杠杆臂和回位弹簧等部件。

盘式集成式驻车制动器如图20-9所示，当停车需要驻车制动时，通过拉索使驻车制动杠杆摆动，驻车制动杠杆的凸轮给驻车制动杆产生一个向左的推力，驻车制动杠杆带动自调螺母左移。当消除自调螺母与轮缸活塞之间的间隙后，推动轮缸活塞左移，活塞驱动制动块使制动块夹紧制动盘，从而产生驻车制动。当解除驻车制动时，驻车制动杆在回位弹簧的作用下右移，轮缸活塞在密封圈的作用下右移，解除驻车制动。

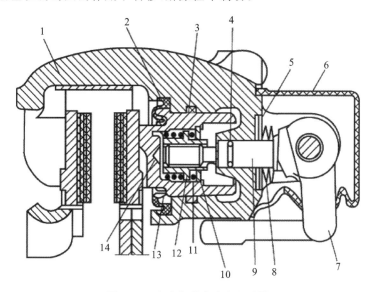

图20-9 盘式集成式驻车制动器

1—钳体；2—活塞护罩；3—活塞密封圈；4—驻车制动杆密封圈；5—弹簧座；6—驻车制动杠杆护罩；7—驻车制动杠杆；8—驻车制动杆回位弹簧；9—驻车制动杆；10—挡片；11—推力轴承；12—自调螺母；13—箍紧弹簧；14—轮缸活塞

2. 鼓式集成式驻车制动器

鼓式集成式驻车制动器只需要将拉动转化为推动制动蹄片张开即可，同时再集成一个简单的制动间隙调整结构，如图20-10所示。

图20-11是鼓式集成式驻车制动器系统的结构图。当停车后需要驻车制动时，拉起驻车制动操纵杆拉动拉索。在拉索产生的拉力作用下，驻车制动杠杆以上铰接点为传力点，将驱动力传给后制动蹄，使后制动蹄右移，抵靠到制动鼓上产生制动；同时通过传力杆将驱动力传给前制动蹄，使前制动蹄左移，抵靠到制动鼓上产生制动。当解除驻车制动时，按下按钮解除锁止，向下扳动驻车制动操纵杆，驻车制动杠杆上的拉索拉力消失，制动蹄在回位弹簧的作用下回位，解除制动。拉

图20-10 鼓式集成式驻车制动器

索的有效长度可以通过调整螺母调节。一般要求拉动驻车操纵杆,响4~6声后达到规定的制动效果。

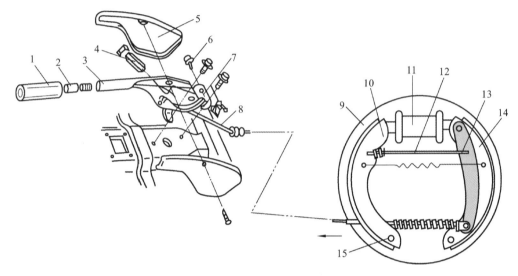

图 20-11　鼓式集成式驻车制动器

1—手柄;2—按钮;3—驻车制动操纵杆;4—调整螺母;5—护罩;6—销轴;7—锁止棘轮;8—拉索;
9—制动鼓;10—前制动蹄;11—制动轮缸;12—传力杆;13—驻车制动杠杆;14—后制动蹄;15—支承销

3. 盘鼓结合式制动器

前面的两种制动器都是行车制动和驻车制动集成,共用一套制动器。盘鼓结合式制动器如图 20-12 所示。盘式制动作为行车制动,鼓式制动作为驻车制动,可以看出盘鼓结合式制动器的内圈有个较小的制动鼓明显凸出(见图 20-13)。盘式制动在外圈,缩小版的鼓式制动在内圈,互不干涉,各自可以独自作用。

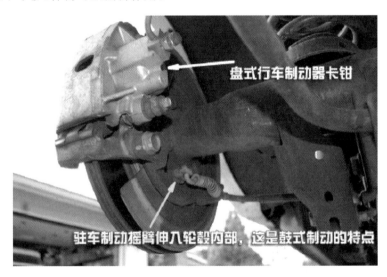

图 20-12　盘鼓结合式制动器

盘鼓结合式制动器有制动卡钳,同时驻车制动摇臂明显伸入轮毂内部,而活塞后部却没有驻车制动机构。

4. 双卡钳式制动器

盘式制动器加上一个卡钳,该卡钳用作行车制动,然后再加一个小号的卡钳,该卡钳用作驻车制动,两个卡钳共用一个制动盘,各自独立发挥作用。可以看到不少超级跑车的后制动器上有两个卡钳,如图 20-14 所示。

图 20-13 盘鼓结合式制动器中制动鼓的明显凸出

图 20-14 后制动盘上的两个卡钳

5. 中央驻车制动器

上面所列举的四种驻车制动都是在车轮子里,中央驻车制动器直接装在传动轴上,直接抱死传动轴。一些后驱车型就是把驻车制动器直接安装在变速器后面,对传动轴施加制动力完成驻车。其制动器有鼓式的,也有盘式的。这样的驻车制动才算是真正完全独立于行车制动的驻车制动,如图 20-15、图 20-16 所示。

图 20-15 分动器后面的中央驻车制动

图 20-16 变速器后方的传动轴前面的鼓式中央驻车制动

同样的道理,前驱车直接抱死一侧的传动轴即可,这也是中央驻车的一种。

不过中央驻车制动器目前只用于某些低吨位的轻卡上。

1) 鼓式中央驻车制动器

图 20-17 是典型鼓式中央驻车制动器的结构图。当停车需要使用驻车制动时,拉起驻车操纵手柄,驻车制动手柄绕着轴销摆动,通过传动杆、拐臂、拉杆、摆臂等一系列传动杆件,使凸轮轴转动,制动蹄张开,将制动鼓抱死,即制动传动轴,使车轮无法转动,从而使汽车可靠地停车。在拉紧驻车制动手柄的同时,锁止棘爪锁止,防止驻车制动自行松动。

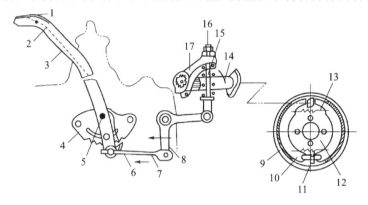

图 20-17 鼓式中央驻车制动器

1—手柄;2—棘爪拉杆;3—驻车操纵手柄;4—齿扇;5—轴销;6—锁止棘爪;7—传动杆;8—拐臂;9—制动鼓;10—制动蹄;11—推杆总成;12—制动底板;13—制动蹄回位弹簧;14—凸轮轴;15—拉杆;16—调整螺母;17—摆臂

2) 盘式中央驻车制动器

图 20-18 是盘式中央驻车制动器的结构图。当制动时,向后扳动制动杆上端,传动拉杆前移,使拉杆臂逆时针方向摆动,推动前制动蹄臂后移而压向制动盘。同时通过蹄臂拉杆拉动后制动蹄臂压缩定位弹簧,使后制动蹄前移,两制动蹄夹紧制动盘,产生制动作用,并由棘爪将手制动杆锁止在制动位置。当解除制动时,按下制动杆上端的拉杆按钮,使下端棘爪脱出,然后将制动杆扳向最前端位置,前后两蹄在定位弹簧作用下回位到不制动时的位置。

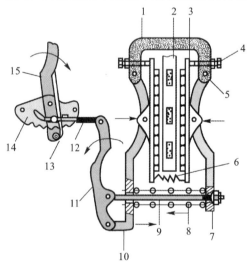

图 20-18 盘式中央驻车制动器

1—支架;2—制动盘;3—制动蹄;4—调整螺钉;5—销;6—拉簧;7—后制动蹄臂;8—定位弹簧;9—蹄臂拉杆;10—前制动蹄臂;11—拉杆臂;12—传动拉杆;13—棘爪;14—齿扇;15—驻车制动杆

6. 弹簧蓄能式驻车制动

弹簧蓄能式驻车制动器是气压动力制动系统中所使用的驻车制动执行机构,如图 20-19 所示。它使用一个被压紧的弹簧来对制动器施加制动力,所以称为"弹簧蓄能式制动器",这个弹簧就是蓄能弹簧。气压动力制动系统的行车制动是有气压时制动起效,无气压时制动解除,而弹簧蓄能式制动是无气压时驻车制动起效,建立气压时解除。也就是说,如果车辆气压不足,那么驻车制动无法解除,车子一动也动不了。

图 20-19　弹簧蓄能式驻车制动器

参考文献

[1] 齐峰.汽车电工[M].北京:电子工业出版社,2004.
[2] 齐峰.汽车电控系统实务[M].北京:机械工业出版社,2009.
[3] 林平,齐峰.福建高职入学考试教材[M].厦门:厦门大学出版社,2013.
[4] 齐峰.汽车检测设备与使用[M].2版.北京:人民邮电出版社,2014.
[5] 齐峰.汽车液压制动系统活页式教程[M].武汉:华中科技大学出版社,2021.
[6] 齐峰.汽车悬架装置活页式教程[M].武汉:华中科技大学出版社,2021.
[7] 齐峰.汽车维修基础技能活页式教程[M].武汉:华中科技大学出版社,2021.
[8] 齐峰.汽车转向系统及传动系统活页式教程[M].武汉:华中科技大学出版社,2021.